Cântico dos Cânticos

Série Clássicos da Espiritualidade

– *A nuvem do não saber*
Anônimo do século XIV
– *Tratado da oração e da meditação*
São Pedro de Alcântara
– *Da oração*
João Cassiano
– *Noite escura*
São João da Cruz
– *Relatos de um peregrino russo*
Anônimo do século XIX
– *O espelho das almas simples e aniquiladas e que permanecem somente na vontade e no desejo do Amor*
Marguerite Porete
– *Imitação de Cristo*
Tomás de Kempis
– *De diligendo Deo* – *"Deus há de ser amado"*
São Bernardo de Claraval
– *O meio divino* – *Ensaio de vida interior*
Pierre Teilhard de Chardin
– *Itinerário da mente para Deus*
São Boaventura
– *Teu coração deseja mais* – *Reflexões e orações*
Edith Stein
– *Cântico dos Cânticos*
Frei Luís de León

Dados Internacionais de Catalogação na Publicação (CIP)
(Câmara Brasileira do Livro, SP, Brasil)

León, Luís de, 1527-1591.
  Cântico dos Cânticos / Luís de León ; tradução de Nilton Anjos. – Petrópolis, RJ : Vozes, 2013. – Série Clássicos da Espiritualidade)

  Título original: El Cantar de los Cantares
  ISBN 978-85-326-4536-4

  1. Bíblia, A.T. Cântico dos Cânticos – Comentários I. Título. II. Série.

13-00118   CDD-223.907

Índices para catálogo sistemático:
1. Cântico dos Cânticos : Livros poéticos :
   Bíblia : Comentários   223.907

Frei Luís de León

Cântico dos Cânticos

Tradução de Nilton Anjos

Petrópolis

© desta tradução:
2013, Editora Vozes Ltda.
Rua Frei Luís, 100
25689-900 Petrópolis, RJ
Internet: http://www.vozes.com.br
Brasil

Título do original espanhol: *El Cantar de los Cantares*
A partir da 5ª edição de 1991 das Obras Completas
Castellanas de Fray Luis de León – I, publicada pela Biblioteca
de Autores Cristianos (BAC), de Madri.

Todos os direitos reservados. Nenhuma parte desta obra
poderá ser reproduzida ou transmitida por qualquer forma
e/ou quaisquer meios (eletrônico ou mecânico, incluindo
fotocópia e gravação) ou arquivada em qualquer sistema ou
banco de dados sem permissão escrita da editora.

Diretor editorial
Frei Antônio Moser

Editores
Aline dos Santos Carneiro
José Maria da Silva
Lídio Peretti
Marilac Loraine Oleniki

Secretário executivo
João Batista Kreuch

Editoração: Fernando Sergio Olivetti da Rocha
Projeto gráfico: Sheilandre Desenv. Gráfico
Capa: Omar Santos
Revisão da tradução: Gentil Avelino Titton

ISBN 978-85-326-4536-4 (edição brasileira)
ISBN 84-7914-003-X (edição espanhola)

Editado conforme o novo acordo ortográfico.

Este livro foi composto e impresso pela Editora Vozes Ltda.

Sumário

Apresentação, 7

Prólogo de Frei Luís de León à exposição do Cântico dos Cânticos, 21

Cântico dos Cânticos, 29

Capítulo I, 31

Capítulo II, 56

Capítulo III, 75

Capítulo IV, 85

Capítulo V, 107

Capítulo VI, 128

Capítulo VII, 143

Capítulo VIII, 162

Apresentação

O contexto

Frei Luís de León (1527-1591) é um autor fundamental no contexto do que foi denominado "Século de Ouro" da literatura espanhola. Na verdade, esse dourado período percorre parte dos séculos XVI e XVII, que coincide com o apogeu político-econômico do Império Espanhol. Entre as ramificações literárias desta árvore da ciência, aqui entendida como sabedoria, encontram-se justamente os textos ascético-místicos que tiveram em São João da Cruz (1540-1591) o grande representante poético e em Santa Teresa d'Ávila (1515-1582) a mais rotunda e desafiadora autobiografia mística. Frei Luís de León – renomado professor da Universidade de Salamanca, tradutor e humanista – vincula-se direta ou indiretamente aos dois reformadores da Ordem dos Carmelitas. Segundo Jean Baruzi[1], é praticamente certo que São João da Cruz tenha tomado conhecimento das aulas ou das traduções de Frei Luís de León no período em que estudara em Salamanca. Quanto a Santa Teresa, ele não a conhecera em vida, mas ela se fez conhecer através de suas filhas (as carmelitas descalças) e de seus escritos, dos quais ele foi o primeiro defensor e editor. Se a vida de Teresa e a continuidade de suas reformas depende-

---

1. BARUZI, J. *San Juan de la Cruz y el problema de la experiencia mística*. 2. ed. Valladolid: Consejería de Educación y Cultura/Junta de Castilla y León, 2001, p. 159-161.

ram da intervenção de ilustres figuras como São Pedro de Alcântara (1499-1562), Mestre Ávila (1500-1569) e São Francisco de Borja (1510-1572), certamente seus escritos conseguiram uma significativa divulgação para além de sua Ordem pela defesa[2] implementada por Frei Luís de León.

Uma das especificidades de Frei Luís de León é a aproximação não de fé e razão, mas de fé e beleza, e neste sentido seguia a tradição humanista que recolhera e se extasiava com a beleza da natureza (como criação divina) e da palavra (como meio divino para a criação). No período dourado da literatura espanhola Frei Luís de León era propriamente um ourives da palavra. Seu humanismo advém dos italianos desde Petrarca (1304-1374), passando por Lorenzo Valla (1407-1457), tendo acolhido também o humanismo propugnado por Thomas More (1478-1535), Erasmo de Roterdã (1466-1536) e Luís Vives (1492-1540); contudo, com uma diferença significativa em relação a estes dois últimos: a afirmação da língua vernácula em detrimento do latim. Para tanto lhe serão de grande valia os estudos gramaticais realizados anteriormente por Antonio Nebrija (1444-1522), e principalmente o exercício de tradução da Sagrada Escritura feito por Cipriano de la Huerga (1509-1560), que se tornou mestre de Frei Luís de León na Universidade de Alcalá de Henares, onde ele conheceu Arias Montano (1527-1598). Portanto, Frei Luís de León se deparara com a seguinte proposta: traduzir para o castelhano os escritos de alguns poetas romanos (Horácio, Virgílio),

---

2. LUÍS DE LEÓN, F. "Apología". *Obras Completas Castellanas*, I. 5. ed. Madri: Biblioteca de Autores Cristianos (BAC III), 1991, p. 915-920.

como também parte (Salmos) ou livros inteiros (Livro de Jó) da tradição poética bíblica que se encontram quase totalmente entre os denominados sapienciais. Resumidamente teríamos: acolhimento do humanismo em detrimento dos exageros escolásticos e a afirmação do universalismo poético contraposto ao efeito devastador e limitador de todo e qualquer moralismo. Disso se depreendem dois movimentos que se entrecruzam: a ênfase na especificidade da língua vernácula, que teve como consequência um conhecimento mais pormenorizado da língua que se visava traduzir (para o caso do Cântico dos Cânticos, o hebraico) e a pressuposição de que certos dilemas, por serem humanos, sugerem mais compreensão do que julgamento. E esta tentativa de compreender a limitação e os encantos humanos com o auxílio de Deus era propriamente a sabedoria.

Por que a predileção pelos livros sapienciais? O gênero literário predominante nestes livros possibilitava alçar voos sobre aspectos doutrinais que estavam em franca e férrea disputa numa Europa recém-dividida entre católicos e protestantes. Neste sentido, os humanistas apelaram de um modo geral para uma segunda via: a unidade, se ela ainda fosse possível, poderia advir da beleza da fé e não de uma fé apologética e dogmática. O dogmatismo é que gerava a disputa e esta, ao se limitar numa disparidade entre verdade e erro, fez prorromper um tempo de colisão entre seguidores e perseguidores. O que aumentava a complexidade da situação era o fato de que não se tratava de uma luta entre dentro e fora, entre duas tradições culturais, mas de uma guerra desde dentro, intestinal. Portanto, seguidores e perseguidores se confundiam no seguimento de Cristo. A intuição humanista era que, se a disputa alimenta a guerra, e se nesta todos se equivocavam, talvez a afirmação da poesia pudesse refrear, pelo menos no âmbito das letras, a certeza dos argumentos prepotentes.

O texto

Já no Prólogo de sua Exposição Frei Luís de León faz algumas observações relevantes sobre motivos e suas opções estilísticas. Afirma que o homem foi primordialmente criado como um outro Deus, como se fora um presente de Deus para Ele mesmo. Pouco a pouco o homem converteu-se em alguém diferente de Deus, mas foi justamente esta diferença que possibilitou uma conversação entre o homem e Deus. Temos já no início uma interessante sugestão: o homem que se acha Deus não está aberto para a conversação, para a troca e para o encontro.

Ainda segundo Frei Luís de León, o que está sintetizado nesse Canto são os "ardores e encantamentos do amor", e todo aquele que se assuste com a maneira como esse Canto está disposto não poderá se esquecer de que "o Espírito se conforma". O autor reitera isto para se proteger dos ataques que sofreu da parte dos que conceberam sua tradução como pestilenta por reduzir, segundo entendiam seus críticos, o amor cantado nos Cânticos como sendo precipuamente carnal[3]. Quanto a isso, ele reitera que "o amor entre Cristo e sua Igreja, muitos santos já escreveram a respeito", e que o que ele intenta é buscar a beleza *da* e *na* palavra e não uma interpretação alegórica. Para tanto, ele alega duas

---

3. ASENSIO, E. "Fray Luis de León y la Biblia". *De Fray Luis de León a Quevedo y otros estudios sobre retórica, poética y humanismo*. Salamanca: Ediciones Universidad de Salamanca, 2005, p. 125.

dificuldades para a realização de sua tradução: a primeira diz respeito às características da língua hebraica que possui "poucas palavras com múltiplos sentidos"; e a segunda é que "o amor se diz fragmentária e entrecortadamente, algumas vezes o princípio do raciocínio e outras vezes o fim sem o princípio" (Prólogo): a paixão enfatiza a fala, paradoxalmente, travando a língua. A máscara da paixão é se mostrar singular quando, em verdade, é um coquetel de paixões lutando entre si. Ela parece definível para quem está fora de seu raio de ação, mas quem é presa de seu torvelinho sente-se como se estivesse experimentando um êxtase de angústia: desdobramento e aperto, extravasamento e vazante, sangria que faz circular e desfalece.

Portanto, torna-se necessária uma melhor compreensão do contexto em que as palavras foram escritas no original, e por isso Frei Luís de Léon se propõe fazer uma tradução diretamente da língua hebraica – o que seus opositores compreenderam como desrespeito à versão latina do texto (a Vulgata) feita por São Jerônimo na passagem dos séculos IV e V. A divergência de Frei Luís em relação a São Jerônimo não está tanto nas escolhas feitas por este, já que muitas vezes ele acolhe as opções de São Jerônimo. A diferença está na concepção de tradução: para Frei Luís de Léon, aquele que traduz deve dispor do maior número possível de possibilidades para uma dada palavra ou imagem, de modo que o leitor possa escolher ou inebriar-se com aquela que lhe faz mais sentido. A ressalva quanto ao exercício de São Jerônimo é que este indicava um caminho dentre os possíveis. Para Frei Luís de León, aquele que abre possibilidades traduz e, em contrapartida, aquele que indica um caminho explica e esclarece. Em verdade, o que vemos prorromper na época de Frei Luís de León é a leitura da Sagrada Escritura a partir da perspectiva filológica e os primórdios do que se convencionou chamar posteriormente de estudos comparativos: a ênfase não recairia mais no que o texto parece querer dizer sob a inspiração do que quer que seja, mas sim o que ele diz ou expressa a partir do contexto em que ele foi escrito.

Após estas delimitações descritas no Prólogo, Luís de León inicia a Exposição propriamente dita, na qual, entre outras coisas, ocupa-se da psicologia do amor, pois quando está amando "a alma do amante vive mais no amado do que em si mesma", configurando um saque de entranhas, e por isso o que o amante mais deseja é recuperar sua alma, entre outras formas, através do beijo. "Assim se deleitam em juntar as bocas [...] guiados por esta imaginação e desejo de recuperar o que lhes falta de seu coração, ou acabar de entregá-lo totalmente" (1,1). Contudo, parece-nos claro que nestes termos o amante não quererá recuperar sua alma definitivamente através do beijo, pois isso teria como consequência uma satisfação que o impediria de querer beijar novamente.

Nesta mesma perspectiva sugerirá o vínculo permanente entre desejo e imaginação, pois "é coisa tão característica do amor imaginar que já possui aquilo que deseja e considerar como já realizado aquilo que a afeição almeja" (1,3) [futuro presente], como também criar memória do amor [passado presente]. Portanto, aquele que ama promove uma singela intensificação no tempo no qual passado e futuro são resgatados para o presente, de modo que o amor suspende a *linearidade*, realizando a assunção do *ponto* em que amado e amante se encontram: "Os que imaginam com desatino alguma coisa costumam fantasiar que veem tanto o ausente e distante quanto o próximo e presente, juntando coisas diferentes e confundindo os tempos, como se tudo fosse uma coisa só" (2,8).

Reiteradas vezes Luís de León nos recordará em sua tradução a singela "confusão" na língua hebraica entre as noções de passado e futuro. Essa "confusão" da língua torna-se aliada quando diz respeito ao Cântico de uma experiência amorosa, "porque uma das qualidades do amor é que produz nos enamorados uma aguçada memória: sem esquecerem-se jamais de coisa alguma, por menor que seja, sempre lhes parece ter diante de si um painel de toda a história de seus amores, recordando-se do tempo, do lugar e da importância de cada coisa. E assim, em suas conversas e escritos, se utilizam muitas vezes das coisas passadas para seu propósito, algumas vezes contando-as aparentemente sem motivo, e outras vezes com evidentes intenções. E, como a retórica dos enamorados consiste mais naquilo que falam no seu íntimo do que naquilo que expressam externamente pela língua, muitas vezes colocam as primeiras coisas no final e as últimas no princípio" (8,5).

Não só os lábios, mas também os olhos sensibilizam-se quando se ama, já que "grande parte da beleza está nos olhos, que são espelho da alma", como já havia sido sugerido pelo amor cortês, e "o mais nobre de todos os sentidos" (1,14), seguindo aqui Aristóteles. Contudo, essa beleza que os olhos encerram não se limita ao seu formato, cor e proporcionalidade das feições. Frei Luís de León faz referência ao que a língua toscana denominava *atti* – beleza da alma ou graça – que "se mostra exteriormente e se manifesta através dos movimentos da própria alma – como olhar, falar, rir, cantar, andar e outros mais – de tal maneira que, sem esta beleza, a outra do corpo é uma fealdade sem sal e sem graça, e menos digna de ser amada do que uma imagem, como se vê cada dia; por este motivo, a Esposa, para elogiar perfeitamente seu Esposo, lhe diz: *E tu és belo e gracioso*" (1,15).

Quem ama enriquece a própria alma de alegria e contentamento (2,4), mas também se depara com a dor e a aflição (2,5). Por isso, o amor está entre a dor e a cura, sendo propriamente uma procura. Se cotejássemos com uma imagem sugerida acima, o amor não constituiria um encontro dissipador de toda incerteza ou uma procura seguida de encontro, mas sim o encontro de uma procura. Por conseguinte, Frei Luís de León afirma que encontrar a Deus, na verdade, é arriscar-se: "em sentido espiritual, entende-se aqui o equívoco daqueles que pensam encontrar a Deus descansando e o muito a que deve arriscar-se quem o busca com todas as forças" (3,2). E por que ocorreria o desencontro? "Porque o buscam não onde ele está e quer ser encontrado, mas onde eles gostariam de encontrá-lo, servindo-o naquelas coisas de que mais gostam e que mais lhes agradam, por serem mais conformes com suas inclinações e conceitos particulares" (3,4). Nestes termos, "perder o juízo" não seria um problema, mas uma das dádivas do amor.

"As palavras dos muito apaixonados são sempre curtas" (4,7), contudo eles não têm nenhuma vergonha "de tornar pública sua paixão" (3,3) e "as coisas estranhas que sentem, dizem e fazem" (2,8) são incompreensíveis para aqueles que nunca experimentaram o arrebatamento causado por uma paixão. Por isso Frei Luís de León nos assevera repetidas vezes que "nos livros em que são tratadas as paixões de amor ou outras semelhantes, os raciocínios ou a ligação entre os mesmos encontram-se no fio condutor dos afetos e não na lógica das palavras" (2,15).

Paradoxalmente, o ímpeto disparatado dos apaixonados possibilita-lhes perceber o que quer que seja com uma singeleza incomum, sutileza de filigranas. Observância, mais do que observação, de todo e qualquer gesto, das modulações da fala e da face, das variações de som e cor, da multiplicidade de seres que não estão ali para propiciar um cenário para vivência amorosa, mas que ganham vivacidade por serem enquanto amados. Aquele que ama sensibiliza-se para e com os aromas e fragrâncias, para e com a diferença entre os seres viventes, para e com a geografia de uma dada região, para e com as construções rústicas e as magníficas, para e com o fluxo das águas e da vida, para e com as partes do corpo (amado), para e com os engenhos humanos, para e com a diferença entre as culturas... Exemplos que poderão ser encontrados no decorrer de toda esta *Canção*. Por conseguinte, tudo o que se ama surge "*mostrando-se pelas janelas*", onde mostrar, como nos sugere Frei Luís de León, "é propriamente o mostrar-se da flor quando brota ou quando de outra maneira se deixa ver. Pois como os cravos costumam aparecer pelos pequenos buracos dos caniçados que os cercam ou das vagens que rompem ao brotar, e como as rosas, ao desabrochar, não se mostram totalmente, mas somente um pouco, assim ela imagina e diz que seu Esposo se revela mais que o cravo e que a bela rosa, ora aqui, ora ali, mostrando às vezes os olhos e nada mais, e outras vezes somente os cabelos" (2,9).

Assim, para aquele que ama, mesmo que lhe fosse possível "o mostrar-se totalmente", para ele isto seria desinteressante. Para ele, fazer parte, estar partido e em permanente partida é muito mais dinâmico, já que fazer parte abre mais uma vez um vasto campo para a imaginação e para o pensamento e, como nos reitera Frei Luís de León, imaginar e pensar nos encaminha para o outro, já que imaginar não é necessariamente construir fantasmagorias para si mesmo, e pensar não desemboca em solipsismo, pois: "Daquele que ama disse que nele vive apenas uma metade de si mesmo, e a outra metade, que é a sua melhor parte, vive e está na coisa amada". Segundo Frei Luís de León, "nossa alma possui duas funções: uma de criar e conservar o corpo, e a outra de pensar e imaginar exercitando-se no conhecimento e contemplação das coisas, que é o principal e mais fundamental. Quando alguém ama, este ofício de pensar e imaginar ele nunca o emprega em si mesmo, mas na coisa que ele ama, contemplando-a e ocupando-se sempre dela" (5,3). Assim, "pensar no outro" seria uma redundância, já que o outro é condição para o pensamento e, de igual maneira, a imaginação. A similaridade entre pensamento e imaginação estaria em que tanto um quanto a outra se encaminham e se descentram e, portanto, suspendem o eu. Por conseguinte, a diferença entre um e outra estaria na maneira de remontar ou de dar razões e encadeamento para os seus motivos. Portanto, enquanto aquele que pensa, pensa ser capaz de justificar alguns motivos de seus pensamentos, aquele que imagina desmerece as justificativas ou simplesmente não pode dá-las.

Uma das alegrias de se amar alguém é descobrir a abertura para o *possível* e, por conseguinte, para a expansão de horizontes. Para além da dicotomia entre amor possível e amor impossível, o que aqui se apresenta é uma nova atitude existencial: amar nos enche de possibilidades. Não se trata de uma apreensão tentacular daquilo que "amamos", mas de um fascínio diante da teia de sustentáculos que envolve aquilo que amamos e, enquanto não amávamos, não podíamos perceber: "A prova e a firmeza do amor não estão em amar somente uma pessoa, sem amar qualquer outra. Antes, o maior e mais verdadeiro traço do amor acontece quando, estendendo-se e abarcando muitos, entre todos se assinala, se diferencia e se avantaja particularmente com um deles. E o Esposo declara-o muito bem através destas palavras, nas quais não nega ter afeição e querer bem a outras mulheres; porém, confessa amar sua Esposa mais que a todas, com um amor tão particular e diferente de todos os demais, que os demais, quando comparados com ele, quase não merecem o nome de amor; e, ainda que queira bem a muitas, sua Esposa é querida por ele de uma maneira única e singular" (6,7).

O pretexto

Uma das novidades do humanismo são as núpcias entre imaginação e pensamento, núpcias de unidade em que a suposta agudez do pensamento se mistura e se dilui com a obliquidade da imaginação. Suspende-se assim a compreensão de que exista uma gradação valorativa entre as faculdades da alma. O que aqui se dispõe é a impossibilidade (querida) de se delimitar. Não se trata tanto de definir a Beleza, mas da pressuposição de que a maneira como se canta é que empresta beleza ao que se vê. E esse belo canto é um canto humano. E esse é mais um dos atrativos do Cântico dos Cânticos para aqueles humanistas: livro que, sem fazer referência direta a Deus, canta o amor entre um homem e uma mulher, amante e amada, pastor e pastora, tornando divino o amor humano demasiadamente humano, com todos os contornos, nuanças, venturas e desventuras do encontro amoroso em que são apresentadas as variações de humores sem negar a singeleza dos corpos e tudo o mais que os contornam; os ires e vires dos amantes e a máscara de dúvidas tornadas certezas e certezas trans-tornadas em dúvidas. A partir do comentário de Luís de León, não se fala de um amor idealizado e perfei-to, mas do amor tal qual ele se apresenta para aquele que está amando: "Porque a pessoa gostaria de fugir dos sofrimentos do amor, mas o coração diz: eu quero sofrê-los. E aquele que ama diz: esta é uma carga pe-sada. E o coração responde: precisamos carregá-la. O amante queixa-se que está perdendo o tempo, a vida, as esperanças; o coração o dá como bem-empregado. Assim, enquanto o corpo dorme e repousa, o coração está velando e regozijando-se com as fantasias de amor, recebendo e enviando mensagens" (5,3).

Uma segunda novidade que o humanismo traz é a afirmação da relevância do corpo físico, não como sede de pecado nem como privação do divino, já que a virtude "se mostra e se dá a conhecer no movimento e majestosa elegância do corpo" (7,1). O corpo não é menor que a alma, já que ele a contém. Contudo, ele não é um receptáculo como se se tratasse de um copo menos valioso do que o líquido que ele poderia com-portar. Corpo e alma *são*. Um toque no corpo é retoque na alma: vibração, como os dedos nas cordas do violão. Mais uma vez sugere-se a imagem do encontro: corpo e alma *são* onde e enquanto eles se encontram, encon-tro este promovido pelo amor. Belos são os olhos, os lábios, o pescoço, os seios, as pernas da amada, e tudo isso é tão cheio de graciosidade (a *atti* referida acima, a *atitude*).

Cabe ressaltar, com José Antonio Maravall, que o humanismo desde Petrarca "pretende conhecer o homem para sentir-se mais próximo de Deus. Isto é o que implica a *humanitas*. Isto é o que, através de Platão e Cícero, buscará nos antigos. Não era um manuscrito que buscava, mas o interesse pelos antigos nasce do contágio espiritual de alguém que, partindo também daqueles que eram estimados por excelência como sábios do humano, chegou ao mais profundo cristianismo"[4]. O que se depreende a partir dessa perspectiva não é uma dicotomia entre o homem e Deus, mas, ao contrário, a confirmação de que o amor e a beleza são dádivas divinas, magníficas expressões de sua presença. Deus nos amou primeiro e "não existe nada mais eficaz nem que possua tanto poder sobre quem ama do que saber que é amado, pois isso sempre foi o incentivo e o ímã do amor" (5,9). Fomos amados desde a criação, frutos do nada – princípio inacreditável para os que foram gestados no desamor, já que lhes é difícil sentir e crer nesta anterioridade do amor, da mesma forma que é difícil para uma criança conceber que o sol esteja no decorrer de um dia nublado. Portanto, é preciso saber-se e sentir-se amado para se crer definitivamente no princípio do amor. Por conseguinte, "aquele que ama e é amado, nem deseja mais do que aquilo que ama, nem lhe falta nada daquilo que deseja" (7,9).

Por fim, ratificando a pressuposição humanista de que o homem, ao encantar-se e espantar-se consigo e com todo o seu entorno, se deparará com o mistério[5],

---

4. MARAVALL, J.A. "Sobre naturaleza e historia en el humanismo español". *Arbor*, n. 64, p. 474.

5. CASSIRER, E. *Indivíduo e cosmos na filosofia do Renascimento*. São Paulo: Martins Fontes, 2001, p. 135.

Frei Luís de León poderá dizer: "Deus está em toda parte, e tudo de bom e belo que se oferece aos nossos olhos no céu e na terra e em todas as demais criaturas é um resplendor de sua divindade; e ele, por misterioso e oculto poder, está presente em todas e se comunica com todas. Mas estar Deus assim é estar aprisionado; e o que dele se vê, ainda que seja perfeito por ser dele, é visto através de meios limitados e estreitos e por isso é visto imperfeitamente e amado mais perigosamente. Por isso a Esposa quer tê-lo fora, ou seja, desfrutá-lo sem medo nem intermediação de ninguém e sem ir mendigando e como que farejando sua beleza nas criaturas; e visto assim, em sua essência e grandeza e perfeição, trazê-lo para junto de si e abraçá-lo com um novo e entranhável amor e introduzi-lo em sua casa e no mais profundo de sua alma, até transformar-se toda nele e tornar-se uma só coisa com ele" (8,2).

Da tradução

Utilizamos a 5ª edição de 1991 das *Obras Completas Castellanas I*, publicada pela Biblioteca de Autores Cristianos (BAC) de Madri.

Mantivemos a grafia sugerida por Frei Luís de León para os termos em hebraico e, quanto à citação das passagens bíblicas utilizadas, recorremos, quando necessário, à versão da Bíblia de Jerusalém. Contudo, no que diz respeito ao texto do Cântico dos Cânticos, a tradução se ateve às sugestões do autor, pois, senão, a exposição dos versículos que ele realiza se tornaria incompreensível.

Prólogo de Frei Luís de León à exposição do Cântico dos Cânticos

Nenhuma coisa é mais própria de Deus do que o amor, nem para o amor existe coisa mais natural do que voltar-se para quem se ama nas condições e gênio daquele que é amado. De uma coisa e da outra temos clara experiência. Certo é que Deus ama, e todo aquele que não for cego pode conhecê-lo em si através dos assinalados benefícios que de sua mão continuamente recebe: o ser, a vida, o governo dela e o amparo de seu favor, que em nenhum tempo e lugar nos desampara. Que Deus se glorie disto mais do que de qualquer outra coisa, e que entre todas as suas virtudes lhe seja próprio o amor, pode-se ver em suas obras, que estão todas ordenadas para este único fim: repartir e oferecer seus grandes bens às criaturas, fazendo com que sua semelhança resplandeça em todas, e medindo-se a si mesmo segundo a medida de cada uma delas, para ser desfrutado por elas, o que, como dissemos, é obra própria do amor.

É possível descobrir este benefício e amor de Deus especialmente no homem: no princípio ele o criou à sua imagem e semelhança, como um outro Deus, e por fim assumiu sua forma e costumes, tornando-se homem por natureza, e muito antes por trato e convivência, como se vê claramente ao longo de todas as Sagradas Escrituras. Nestas, por este motivo, é maravilhoso o cuidado que o Espírito Santo mostra em conformar-se com nosso estilo, reproduzindo nossa linguagem e imitando em si toda a variedade de nosso gênio e condições: manifesta alegria e tristeza, mostra-se irado e depois arrependido, algumas vezes ameaça e outras deixa-se dobrar por mil afagos; e não existe afeição nem qualidade que nos seja tão própria a nós nem tão estranha a ele na qual ele não se transforme. E tudo isto para que não fujamos dele, nem nos esquivemos à sua graça e para que, vencidos, seja por afeição ou por vergonha, façamos o que ele nos manda, pois nisto consiste nossa maior felicidade. Testemunhos disso são os versos e canções de Davi, as exortações e os sermões dos santos profetas, os conselhos da Sabedoria e, finalmente, toda a vida e doutrina de Jesus Cristo, luz e verdade, e todo o nosso bem e esperança.

Entre as demais Escrituras divinas está a suavíssima canção composta por Salomão, rei e profeta, na qual, sob a forma de um enamorado colóquio entre um pastor e uma pastora, mais que em qualquer outra Escritura Deus se mostra ferido de nossos amores, com todas aquelas paixões e sentimentos que este afeto costuma e pode provocar nos corações mais meigos e ternos: roga, inflama-se e mostra ciúmes; sai desesperado e depois retorna e, alternando entre esperança e temor, entre alegria e tristeza, ora canta de contentamento, ora torna públicas suas queixas, tomando os montes e suas árvores, os animais e as fontes como testemunhas do grande sofrimento que padece. Aqui estão vivamente representados os ardores amorosos dos divinos amantes, os inflamados desejos, os perpétuos cuidados, as insuportáveis angústias que a ausência e o temor neles provocam, juntamente com os ciúmes e suspeitas que entre eles se manifestam. Aqui se ouve o som dos ardentes suspiros, mensageiros do coração, e das amorosas queixas e doces colóquios, que umas vezes se revestem de esperança e outras de temor. E, em síntese, nesta canção todos aqueles sentimentos que os amantes apaixonados costumam experimentar se mostram aqui tanto mais agudos e delicados quanto mais vivo e inflamado é o amor divino do que o mundano. Por isso, a leitura deste Livro é difícil para todos e perigosa para os jovens e para todos aqueles que ainda não estão muito adiantados e firmes na virtude; porque em nenhum outro livro da Escritura se expõe a paixão do amor com mais força e sentido do que neste. Do perigo não é preciso tratar; a dificuldade, que é grande, tentarei superá-la na medida de minhas forças, que são bem pequenas.

O que se sabe ao certo é que nestes *Cânticos*, expressando-se sob as figuras de Salomão e de sua esposa, a filha do rei do Egito, na forma de galanteios amorosos, o Espírito Santo expõe a Encarnação de Cristo e o entranhável amor que sempre teve por sua Igreja, junto com outros mistérios secretos e de grande importância. Deste sentido espiritual não preciso tratar, já que sobre ele possuímos grandes livros escritos por pessoas muito santas e doutas, que, ricas do mesmo Espírito que falou neste Livro, entenderam grande parte de seu segredo e, da maneira como o entenderam, puseram-no em seus escritos, que estão repletos de espírito e deleite. Portanto, quanto a isso não há o que dizer, seja porque já está dito, seja porque é coisa prolixa e que precisa de muito espaço.

Por isso ocupar-me-ei apenas em expor com simplicidade a casca ou aspecto externo do texto, como se este Livro não contivesse outro segredo maior que o mostrado por aquelas palavras nuas e, aparentemente, ditas e respondidas entre Salomão e sua Esposa, ou seja, procurarei explicar apenas o seu significado literal e mostrar onde está a força da comparação e do galanteio; trabalho que, embora tenha menos méritos que o espiritual, nem por isso carece de grandes dificuldades, como veremos mais adiante.

É preciso entender que este Livro foi escrito originalmente em versos, e se trata de uma égloga[6] pastoril. Nela, com palavras e linguagem de pastores, falam Salomão e sua Esposa, e algumas vezes seus companheiros, como se fossem todos gente de aldeia.

Torna difícil o seu entendimento, em primeiro lugar, aquilo que costuma causar dificuldade em todos os escritos nos quais são expostas algumas grandes paixões ou afetos, principalmente de amor, ou seja, o fato de os raciocínios saírem entrecortados e desordenados; ainda que, a bem da verdade, quando compreendido o fio condutor da paixão que as move, eles correspondem maravilhosamente aos afetos que visam expor, os quais nascem uns dos outros de modo bem coerente. E o motivo de parecerem assim entrecortados é que, na alma dominada por alguma veemente paixão, a língua não atinge o coração, nem se pode dizer tudo o que se sente, e mesmo aquilo que se pode dizer não é dito em sua totalidade, mas fragmentária e entrecortadamente, algumas vezes o princípio do raciocínio e outras vezes o fim sem o princípio. Porque, assim como aquele que ama sente intensamente o que diz, assim lhe parece que, pelo simples fato de o dizer, é entendido pelos demais; e a paixão, com sua força e com incrível presteza, lhe arrebata a língua e o coração de um afeto a outro; e por isso seus raciocínios surgem entrecortados e cheios de obscuridade. Estes raciocínios parecem também desordenados entre si, porque correspondem ao movimento que a paixão provoca na alma de quem os

---

6. Poesia bucólica em que pastores dialogam [N.T.].

diz, e quem não sente ou não vê essa paixão forma um juízo errôneo a respeito deles, da mesma forma como alguém que vê de longe pessoas dançando, sem ouvir a música que elas seguem, julgaria uma loucura ou falta de juízo os seus movimentos. É preciso prestar muita atenção a isto tanto neste Livro quanto em todos os livros de temática semelhante.

O segundo motivo de obscuridade é que a língua hebraica, na qual o Livro foi escrito, é por natureza e condição uma língua de poucas palavras, e estas assumem uma diversidade de significados, e que, além disso, o estilo e a forma de julgar as coisas naquele tempo e por aquele povo diferem muito dos de agora. E, por isso, parecem-nos novas, estranhas e de mau gosto as comparações utilizadas neste Livro quando o Esposo ou a Esposa querem elogiar a beleza um do outro, como quando ele compara o pescoço dela a uma torre e os dentes a um rebanho de ovelhas, e outras coisas semelhantes.

Como, na verdade, cada língua e cada povo possuem suas maneiras características de falar, o costume usado e aceito faz com que seja primoroso e elegante aquilo que, em outra língua e para outras pessoas, pareceria muito grosseiro. E assim é de crer que tudo isto que agora nos desagrada, por sua novidade e por ser estranho aos nossos usos, era a maneira mais bela e cortês de falar naquele tempo entre aquele povo. Porque claro está que Salomão não era somente muito sábio, como também rei e filho de rei, e que, se não o conseguiu através das letras e dos estudos, pela simples educação e pelo trato de sua casa e da corte deve ter aprendido a falar sua língua melhor e mais cortesmente do que qualquer outro.

São duas as coisas a que me proponho: primeiro, traduzir para nossa língua, palavra por palavra, o texto deste Livro; segundo, explicar com brevidade não cada palavra por si mesma, mas as passagens em que aparece alguma obscuridade textual, a fim de deixar claro seu sentido no tocante ao aspecto externo e à superfície. Para isso, colocarei no princípio o capítulo inteiro e depois seguirá sua explanação. Quanto ao primeiro ponto, procurei ater-me o mais possível ao original hebraico, cotejando todas as traduções gregas e latinas existentes, que são muitas, e pretendi que esta interpretação correspondesse ao original não só nas frases e palavras, mas também na harmonia e graça delas, imitando suas figuras e maneiras de falar o quanto possível em nossa língua, que, por sinal, tem muitas coisas em comum com a hebraica. Isso poderá gerar certo descontentamento em alguns, por lhes parecer que, em algumas partes, o raciocínio fica limitado e dito de maneira truncada e antiquada, de modo que o texto perde a fluência, que poderia ser obtida facilmente mudando algumas palavras e acrescentando outras. Contudo, recusei-me a fazê-lo por causa do que já disse e porque entendo que o ofício de quem traduz, especialmente Escrituras de tanta importância, é diferente do ofício de quem as explica e esclarece. Quem traduz deve ser fiel e exato e, se possível, contar as palavras para oferecer outras tantas – não mais nem menos – da mesma qualidade, condição e variedade de significados que as palavras originais possuem, sem limitá-las a seu próprio sentido e parecer, para que os leitores da tradução possam entender toda a variedade de sentidos suscitada pelo texto original se eles o lessem, ficando livres para escolher, entre estes sentidos, o que melhor lhes parecer. Que a tarefa de dizer de modo extenso, de explicitar copiosamente o sentido que se entende e de adotar a formulação que mais agrada, de jogar com as palavras acrescentando ou retirando à vontade, isso fique para quem explica, pois é seu ofício próprio. Nós usamos este expediente, depois de apresentar cada capítulo, na explicação que se segue. É bem verdade que, ao traduzirmos o texto, não pudemos seguir tão pontualmente o original. A qualidade da frase e as características de nossa língua nos obrigaram a acrescentar algumas palavrinhas, porque sem elas o sentido ficaria muito obscuro. Mas isso ocorreu poucas vezes e, quando ocorreu, pusemos tais palavras entre parênteses.

Receba Vossa Mercê[7] em tudo isto minha afeição, porque o resto não me importa muito, nem cuido de agradar aos outros. Baste-me ter cumprido o que me foi pedido, que é o que mais pretendo e desejo em todas as coisas.

---

7. Frei Luís de León destinou sua tradução dos Cânticos para uso privado de Isabel Osorio, monja do Convento do Espírito Santo de Salamanca, que, por ignorar o latim, pediu ao poeta que o traduzisse para o espanhol.

Cântico dos Cânticos

É característico da língua hebraica repetir algumas palavras quando quer enfatizar algo para o bem ou para o mal. De modo que dizer *Cântico dos Cânticos* é o mesmo que costumamos entender em nossa língua quando dizemos *Cântico entre cânticos*, ou *homem entre homens*, ou seja, notável e eminente entre todos e mais excelente que muitos outros. Daí deduzimos que o Espírito Santo nos mostrou a riqueza de seu amor e de seus dons mais neste *Cântico* do que em qualquer outro. Pois diz assim:

Capítulo I

1. (Esposa) *Beije-me com beijos de sua boca; porque teus amores (são) melhores que o vinho.*

2. *Ao aroma de teus bons perfumes: (Porque) teu nome é perfume derramado. Por isso as donzelas te amaram.*

3. *Leva-me contigo: correremos. Introduziu-me o rei em seus aposentos. Regozijar-nos-emos e alegrar-nos-emos em ti; recordaremos mais os teus amores do que o vinho. As doçuras te amam.*

4. *Sou morena, porém amável, filhas de Jerusalém, como as tendas de Cedar, como as cortinas de Salomão.*

5. *Não vos importeis por eu ser morena, pois o sol me tostou: os filhos de minha mãe porfiaram contra mim; puseram-me (como) guarda de vinhas; a minha vinha eu não guardei.*

6. *Mostra-me, ó Amado de minha alma, onde apascentas, onde descansas ao meio-dia; porque serei como que extraviada entre os rebanhos de teus companheiros.*

7. (Esposo) *Se não o sabes, ó bela entre as mulheres, sai (e segue) pelas pegadas do gado, e apascentarás teus cabritos junto às cabanas dos pastores.*

8. *Amada minha, eu te comparei à minha égua atrelada ao carro do Faraó.*

9. *Lindas (são) tuas faces entre as madeixas, teu pescoço com os colares.*

10. *Far-te-emos pombinhas de ouro (como pingentes) cravejadas de prata.*

11. (Esposa) *Quando o rei estava em seu repouso, o meu nardo exalou o seu aroma.*

12. *Um ramalhete de mirra é para mim o meu Amado; morará entre meus seios.*

13. *Cacho florido de copher é meu Amado para mim, das vinhas de Engadi.*

14. (Esposo) *Oh, como és bela, minha Amada, como és bela! Teus olhos de pomba.*

15. (Esposa) *Oh, quão belo (és tu), meu Amado, e quão gracioso! Nosso leito (está) florido.*

16. *As vigas de nossa casa são de cedro e o teto de cipreste.*

Exposição

1. *Beije-me com beijos de sua boca; porque teus amores são melhores que o vinho.*

Já afirmei que este Livro todo é uma égloga pastoril, em que dois enamorados, Esposo e Esposa, à maneira de pastores, falam e respondem um ao outro alternadamente. Entenderemos que neste primeiro capítulo é a Esposa quem começa a falar. Devemos imaginar que seu Amado estava ausente e, por causa disso, ela sofria de tal maneira que a angústia e o desejo a faziam muitas vezes desfalecer e desmaiar. Isso parece claro a partir do que ela diz posteriormente, no decorrer do seu discurso, quando roga aos seus companheiros que informem o Esposo sobre o padecimento e desmaio em que se encontra por causa de seus amores e do ardente desejo de vê-lo; o que é um efeito muito natural do amor e nasce do que se costuma dizer comumente: a alma do amante vive mais no amado do que em si mesma. Assim, quanto mais o Amado se afasta e se ausenta, ela, que vive nele por contínuo pensamento e afeição, o vai seguindo e se comunica menos com seu próprio corpo; e, afastando-se do próprio corpo, deixa-o desfalecer e o desampara o quanto pode; e, embora não rompa as ataduras que a mantêm presa ao próprio corpo, ela não deixa de enfraquecê-las sensivelmente. Disto dão mostra a palidez do rosto, a fraqueza do corpo e os desfalecimentos do coração, que procedem desta alienação da alma. Este é também o fundamento daquelas queixas que sempre usam os enamorados, e que os poetas tanto enaltecem, quando chamam de *alma sua* aquele a quem amam, e anunciam publicamente que lhes foi roubado o coração, subjugada sua liberdade e saqueadas suas entranhas; o que não é exagero ou maneira de falar, mas sim a pura verdade, conforme já disse. E assim, o remédio próprio para essa afeição, e o que com ele mais se pretende e deseja, é que todo aquele que ama recupere sua alma, que ele sente ser-lhe roubada. E, porque parece que esta reside no alento que se haure pela boca, compreende-se por que os amantes desejam tanto e tanto se deleitam em juntar as bocas e mesclar os alentos, como que guiados por esta imaginação e desejo de recuperar o que lhes falta de seu coração, ou acabar de entregá-lo totalmente.

Por tudo isso, compreende-se com quanta razão a Esposa, para restaurar a alma e o coração, que lhe desfalecia por causa da ausência de seu Esposo, pede como remédio seus beijos, dizendo: *Beije-me com beijos de sua boca.* Quer dizer: sustentei-me até agora vivendo de esperança, ouvi muitas promessas de sua vinda e recebi muitas mensagens; mas o ânimo já desfalece e o desejo triunfa; somente sua presença e o prazer de seus doces beijos me poderão curar. Minha alma está com ele e eu estou sem ela, enquanto não a resgatar de sua graciosa boca, onde está recolhida.

E neste caso não é preciso pedir que a Esposa se envergonhe, pois o olhar nesses achaques é de fraqueza devida à aflição; porque o amor grande e verdadeiro rompe com tudo e mostra-se tão razoável e tão conforme à compreensão de quem ama, que não lhe permite imaginar que a alguém possa parecer outra coisa. Por isso diz: *Beije-me com beijos de sua boca*; e, atendendo à índole do original, é como se dissesse em nossa língua: *Beije-me com alguns beijos*. E com isso dá a entender o quanto deseja a presença do Esposo e o quanto a aprecia, porque, para recuperar-se de seu desmaio e desânimo, que é tão grande, não pede beijos sem conta, mas alguns beijos.

Porque teus amores são melhores que o vinho. A Esposa dá a razão de seu desejo, que é o grande bem e contentamento que se encontra nos amores de seu Esposo e a grande força que eles possuem para inflamar-lhe a alma e arrancá-la de si, como o faria o vinho mais fino e forte. E isto convém a propósito de seu desânimo, cujo remédio costuma ser o vinho. Poderíamos imaginar que suas companheiras lho ofereciam e ela o recusa e responde: "O melhor e verdadeiro vinho para minha recuperação será ver meu Esposo". De modo que, neste contexto, a comparação do vinho com o amor é muito conveniente; além do que, em qualquer outro caso, é uma comparação graciosa e apropriada por causa dos muitos efeitos que um e outro têm em comum. É propriedade natural do vinho, como se afirma nos Salmos (104,15) e nos Provérbios (31,6), alegrar o coração, afastando dele todo o sofrimento e enchendo-o de belas e grandes esperanças. Naqueles a quem domina, o vinho desperta ousadia, segurança, desembaraço e despreocupação em relação a muitos pontos e aspectos. Todas estas são também propriedades do amor, como se vê pela experiência de cada dia e se poderia comprovar com muitos exemplos e ditos de homens sábios. Mas a brevidade que prometemos nos impede de fazê-lo. Prossegue o canto:

2. *Ao aroma de teus bons perfumes.*

É preciso entender e acrescentar: *voltarei a mim e me curarei deste meu desmaio*, porque está incompleta e truncada essa sentença, como se tivesse sido pronunciada por uma pessoa apaixonada e enferma com dificuldade para respirar. E, como acontece o mais das vezes em tudo o que se diz com alguma veemente paixão, o amor muito intenso trava a língua e entrecorta as palavras e os raciocínios.

Ela chama de *bons perfumes* aquilo que nós chamamos de águas de cheiro ou águas-de-colônia, o que condiz bem com o desmaio de que falamos, para cujo remédio costuma-se usar coisas semelhantes. De modo que tudo isso mostra e realça o quanto ela ama o Esposo e o quanto a vista e a presença dele significam para ela. Porque é como se ela dissesse: "Se eu visse aqui aquele a quem amo, bastaria a fragrância de seus aromas para me recuperar".

Logo a seguir esclarece quão intensa é essa fragrância e por isso acrescenta: *Porque teu nome é perfume derramado. Derramado* quer dizer, segundo a especificidade da palavra hebraica a que corresponde, repartido em vasos ou recolocado de um frasco para outro, pois dessa forma seu bom odor se espalha e pode ser sentido melhor. *Teu nome* não quer dizer tua fama, como alguns equivocadamente entendem, e como se costuma entender em outras passagens da Sagrada Escritura; aqui, este sentido estaria fora de contexto. Nesta passagem, *teu nome* quer dizer o nome pelo qual alguém é chamado. Por isso a Esposa diz: *tu te chamas aroma espalhado*, o que significa: teu bom aroma é tão intenso e tão superior que podemos com razão dizer que tu és, não perfumado, mas o próprio perfume espalhado. É comum na Sagrada Escritura e em outras línguas chamar alguém por algo que nele é elogiado ou execrado, para mostrar que ele possui essa qualidade em sumo grau, a ponto de confundir-se com ela. Como podemos ver claramente em São Mateus (16,18), onde Cristo dá a Simão, o apóstolo principal, o nome de *Cephas*, que quer dizer "rocha", para demonstrar sua firmeza e constância.

Mas para que não pareça que a afeição engana a Esposa, e que somente ela carrega este sentimento, logo acrescenta: *Por isso as donzelas te amam*. Quer dizer: não sou só eu que me enamoro de ti, nem sou a única que se deleita e se deixa arrastar por teus agradáveis aromas, pois todas as donzelas que existem sentem o mesmo e se perdem totalmente por tudo que é cheiroso, formoso e elegante.

3. *Leva-me contigo, correremos ao aroma de teus perfumes.*

Pode-se entender isto como algo ligado ao que já foi dito, de modo que de tudo isto resulte a seguinte sentença da Esposa para o Esposo: "Vem, meu Esposo, e leva-me contigo com o aroma de teus perfumes, que é tão intenso que, como já disse, arrasta a todos; e te seguirei correndo". Ou pode-se dizer que é um raciocínio diferente, independente do que foi dito acima, em que ela explica com nova ênfase seu desejo de estar com o Esposo; pois estando, como estava, enferma e sem forças, diz que o seguirá correndo se ele quiser levá-la consigo.

Introduziu-me o rei em seus aposentos. Regozijar-nos-emos em ti; alegrar-nos-emos; recordaremos mais os teus amores do que o vinho. As doçuras te amam.

É coisa tão característica do amor imaginar que já possui aquilo que deseja e considerar como já realizado aquilo que a afeição almeja! Porque disse que, se o Esposo a chamasse, sairia correndo atrás dele, ela imagina que ele a chama e a leva com ele, e a introduz em sua casa, onde lhe dá mostras de intenso amor e lhe faz grandes agrados. E por isso diz *introduziu-me*, forma que, segundo o uso da língua hebraica, embora expresse um tempo passado, é usada para indicar o que está por vir, para mostrar sua certeza e firme esperança de que isso ocorrerá. De modo que, ao dizer *o rei me introduzirá*, esqueceu-se que a pessoa com quem falava era pastor e, assim, chama-o por seu nome, pois o amor sempre traz consigo estes descuidos. Ou podemos dizer que talvez seja característico daquela língua, como o é também da nossa, referir-se a tudo aquilo que se ama com extremado e terno amor chamando-o dessa forma: *meu Rei, meu Bem, meu Príncipe* e expressões semelhantes.

Em seus aposentos, isto é, em todos os seus segredos, para que eu participe deles e de todas as suas coisas, o que é a mais cabal prova de amor. Explica-se isso no que vem a seguir: *regozijar-nos-emos em ti, alegrar-nos-emos*, isto é, junto contigo.

Recordaremos mais os teus amores do que o vinho: as doçuras te amam. Com efeito, ela mostra o excesso de agrados e prazeres que irá receber no aposento de seu Esposo, porque diz que ficarão impressos e cravados na memória mais do que qualquer outro prazer ou contentamento, por maior e mais forte que seja.

As doçuras: nesta passagem existem diferenças entre os autores, tanto na tradução quanto na interpretação do termo. E toda a discussão nasce da palavra hebraica *mesarim*, que eu traduzo como *doçuras*, que significa propriamente: *corretas* ou *corretamente, às direitas*. E, segundo o parecer de alguns homens doutos naquela língua, quando se junta a essa palavra *iaiin*, que significa vinho, é como chamá-lo vinho bom e excelente, como se disséssemos: um vinho que justamente e com direito se bebe, como diremos depois. Mas outros têm opinião diferente. São Jerônimo segue o significado literal da palavra e traduz assim: *As corretas ou os corretos te amam*, isto é, os justos e bons. De acordo com esta interpretação, a Esposa pretende dizer o seguinte: lembrar-me-ei dos teus amores, isto é, do fato de que tu me tens e eu te tenho, do teu trato e convivência doce, agradável e prazenteira, mais que de qualquer outro prazer ou alegria. Tudo isso se deduz a partir do vinho a que se faz menção, a partir da alegria e do grande prazer que ele desperta nos corações de todos os que dele bebem. E a seguir justifica por que tem que apreciar tanto os amores de seu Esposo e lembrar-se deles, dizendo: *As doçuras ou as corretas te amam*, ou seja: tudo o que é bom, Esposo meu, tudo o que é doce e aprazível, te envolve e te abraça; estás cercado de doçuras e és completo e perfeito em todas as tuas coisas.

No meu modo de entender, esta passagem pode ser interpretada de outra maneira, e não menos correta, que é a seguinte: deve-se colocar um ponto logo depois de *recordaremos*, como se vê na língua original; e prosseguir: *Teus amores, melhores que o vinho excelente, te amam*, isto é, te tornam amável. E o motivo é porque são mais doces e deleitosos que a própria doçura e deleite que, como dissemos, se encontram no vinho. E, segundo essa maneira de entender, na primeira palavra – *recordaremos, lembrar-nos-emos* –, que aparentemente fica assim desacompanhada, nos deparamos com um fato muito grato e natural entre aqueles que se querem bem quando acontece encontrarem-se depois de uma longa ausência: contam um para o outro, com a maior ênfase possível, todo o tormento e dor que padeceram por esse motivo. Por conseguinte, como a Esposa havia dito que se veria no aposento de seu Esposo e se alegraria e regozijaria junto com ele, acrescenta convenientemente o que, por ordem natural de afeição, ocorre depois do regozijo do encontro.

Lembrar-nos-emos, isto é, contaremos um ao outro o quanto sofremos por causa dessa ausência. Traremos à memória nossas ânsias, nossos desejos, nossos receios e temores.

Fique registrado aqui que este raciocínio, de qualquer maneira que for entendido, é cheio de criatividade, elegância e de uma suave afeição.

4. *Sou morena, porém amável, filhas de Jerusalém, como as tendas de Cedar, como as cortinas de Salomão.*

Do Salmo 44, onde se canta a celebração das bodas de Salomão com a filha do Faraó, a qual, como já disse, é quem fala aqui na qualidade de pastora e como figura da Igreja, deduz-se que ela não era tão bela na aparência externa quanto o era interiormente; porque ali se diz: *A beleza da filha do rei está no esconderijo interior.* Aqui a Esposa responde agora às possíveis objeções dos que a viam tão confiante no amor do seu Esposo, por ela ser, na aparência, morena e não tão bela; porque nisto o amor sempre mantém grande recato. Por isso diz: "Eu confesso que sou morena, mas em todo o resto sou formosa e bela e digna de ser amada, porque, por baixo desta minha pele morena, está escondida uma grande beleza". Seja como for, explica-o em seguida mediante duas comparações: *Sou*, diz ela, *como as tendas de Cedar e como as barracas de Salomão.* Chama *Cedar* os alárabes[8], que os antigos chamavam númidas, porque são descendentes de Cedar, filho de Ismael; e é costume da Escritura chamar o povo pelo nome de sua primeira origem e cabeça. Estes alárabes são nômades e não vivem em cidades, mas no campo, mudando-se cada ano para onde mais lhes convêm; e por isso vivem sempre em tendas, feitas de couro ou pano, que podem ser rapidamente desmontadas e transportadas.

Portanto, em questão de beleza, Esposa é muito diferente do que parece à primeira vista, como as tendas dos alárabes, que por fora são escuras por causa do vento e do sol a que estão expostas, mas por dentro encerram todas as alfaias e joias de seus donos que, como se pode pressupor, são muitas e muito belas. E como as barracas que Salomão utiliza durante a guerra, que por fora são de couro para defender das chuvas, mas o que há por dentro é feito de ouro, seda e lindos bordados, como costumam ser as barracas dos outros reis.

---

8. Alárabes: descendentes de Agar.

Isso é quanto ao sentido literal, já que, segundo o sentido principal pretendido pelo Espírito Santo, está clara a razão por que a Igreja, isto é, a companhia dos justos, e qualquer um deles, têm a aparência exterior morena e feia, devido ao pouco caso e pouca conta, ou melhor, ao péssimo tratamento que o mundo lhes proporciona; ou seja, aparentemente não existe coisa mais desamparada, nem mais pobre e abatida do que os que cuidam da bondade e da virtude, mas na verdade eles são queridos e favoritos de Deus e têm a alma cheia de incomparável beleza.

5. *Não me desdenheis por eu ser morena, pois o sol me tostou; os filhos de minha mãe porfiaram contra mim. Puseram-me como guarda de vinhas; a minha vinha eu não guardei.*

Isto corresponde muito bem à natureza das mulheres, que não sabem manter a paciência no que lhes diz respeito em questões de beleza. Porque, segundo parece, este pequeno defeito na cor da pele estava muito bem compensado pelos demais atrativos que a Esposa diz possuir, embora não discorresse mais sobre isso. Porém, tenta justificar sua pele escura, dizendo que este defeito não lhe é tão natural a ponto de não ter remédio, mas que aconteceu casualmente, por ter andado exposta ao sol; e isso não por culpa própria, mas porque foi forçada contra a sua vontade por seus irmãos. E por isso diz: *Não vos importeis comigo por eu ser morena, pois o sol me tostou.* Isto é, andei exposta ao sol e ele me bronzeou; e o motivo para eu andar assim foi que *os filhos de minha mãe porfiaram* (inflamados) *contra mim; puseram-me como guarda das vinhas; a minha vinha eu não guardei.* Diz que não guardou sua vinha porque se esqueceu de si mesma, e do que dizia respeito a seu rosto, por ter-se ocupado em guardar as vinhas alheias, que seus irmãos a haviam obrigado a guardar. E não se deve entender que isso ocorreu da maneira como se diz, pela boca da filha do Faraó que aqui fala, porque, sendo filha de rei, não é coisa verossímil de crer. Mas, pressuposta a pessoa que ela representa e a quem imita em sua fala, que é a de uma pastora, a mais apropriada e mais elegante desculpa e pretexto que podia dar para sua má cor é dizer que havia andado pelo campo exposta ao sol, forçada por seus irmãos, que, por serem pastores, eram gente rude e de pouco juízo.

Onde diz *minha vinha*, no hebraico tem força redobrada, porque diz *minha própria vinha*, dando a entender o quanto é sua e quanto cuidado deve ter por ela. É como se dissesse: a minha vinha querida ou a vinha de minha alma, que assim consideram as mulheres tudo o que diz respeito à sua boa aparência e elegância.

No sentido espiritual é uma grande verdade afirmar que os irmãos lhe fizeram esta violência, porque nenhum gênero de pessoas é mais contrário à verdadeira virtude do que aqueles que a professam apenas nos títulos e aparências exteriores. E aqueles que estão em maior dívida e obrigação conosco, na maioria das vezes os experimentamos como nossos maiores e principais inimigos.

6. *Mostra-me, ó Amado de minha alma, onde apascentas, onde descansas ao meio-dia; porque andarei extraviada entre os rebanhos de teus companheiros.*

Tendo-se justificado de sua cor, volta a falar com o Esposo e, não podendo suportar maiores delongas, deseja saber onde ele está com seu rebanho, porque está determinada a buscá-lo onde ele estiver, pois o amor verdadeiro não se detém em ninharias de boa educação, nem em pudores, nem espera ser convidado primeiro; antes, ele mesmo se convida e se oferece. E embora a Esposa tenha chamado o Esposo para acudi-la, expressando-lhe seus desejos e necessidades, e ele não tenha vindo nem respondido, nem por isso ela se irrita ou arrefece, e muito menos se envergonha ou se preocupa com a honra; ao contrário, seu desejo se intensifica ainda mais. E, como ele não vem, ela resolve ir procurá-lo, logo que souber onde ele está, e roga-lhe que a informe do seu paradeiro, dizendo: *Informa-me, ó Amado de minha alma!* Podemos entender isso de duas maneiras: Ou para demonstrar ao Esposo o quanto deseja saber onde ele está para poder segui-lo, e justificar-se de que, se não o faz, é para não andar vagando perdida de monte em monte, como se dissesse: "Oxalá eu soubesse, meu amor, ou tu me tivesses dito, onde andas com teu rebanho, que eu imediatamente iria até lá! Mas, se não o faço, é porque não quero andar de cabana em cabana e de rebanho em rebanho perguntando por ti aos pastores". Ou podemos entender, e isto é o mais natural, que ela pede ao Esposo que lhe informe, ou por si ou por alguma outra pessoa, sobre o lugar onde ele irá descansar ao *meio-dia*, para poder ir imediatamente até lá.

E não causa dificuldade o fato de que, estando ausente, como pressupomos que estava, o Esposo não podia ouvir os pedidos da Esposa, nem satisfazer-lhe a vontade; pois no amor vivo e verdadeiro sempre acontecem mil impossibilidades semelhantes, porque, com a ardente afeição, os sentidos ficam ocupados e cegos, de modo que, enganando-se, julgam como possível e exequível tudo o que se deseja. E assim, por um lado, a Esposa fala ao Esposo como se o tivesse presente, vendo-a e ouvindo-a; e, por outro, não sabe onde ele está e pede-lhe que lho diga, porque senão ela já está determinada a procurá-lo de qualquer maneira e, neste caso, poderia haver o inconveniente de ela perder-se e dar às pessoas motivo para comentários.

Por isso acrescenta: *porque eu andarei extraviada entre os rebanhos de teus companheiros*. Onde diz *extraviada* ou desencaminhada, outros traduzem *com o rosto velado*, porque a palavra hebraica correspondente, que é *hoteiah*, admite tanto um sentido quanto o outro. E dizer *com o rosto velado* significa dizer prostituta, mulher desonesta e perdida, porque era esse o traje de tais mulheres entre aquele povo, como se lê no Gênesis (38,14-15) a respeito de Tamar, quando, vestida com trajes semelhantes, fez com que Judá, seu sogro, acreditasse que ela era prostituta.

Tanto de uma maneira como de outra o texto faz bom sentido, porque diz: "Estou determinada a buscar-te; porém, não é justo que eu ande a procurar-te de choça em choça, ou como mulher extraviada, e como se fosse alguma desavergonhada e desonesta. Portanto, convém que eu saiba onde estás".

Até aqui falou a Esposa. Agora fala o Esposo, e responde a estas últimas palavras dizendo:

7. *Se não o sabes, ó bela entre as mulheres, sai e segue as pegadas do gado, e apascentarás teus cabritos junto às cabanas dos pastores.*

Um coração generoso não pode suportar que aquele que o ama sofra muito por causa dele; e por isso, sabendo o Esposo que sua Esposa o deseja e quer falar com ele, sugere que ela siga os rastros do gado, que a levarão até ele.

Se não o sabes. O original diz literalmente: *Se não te o sabes* (ou: *Se não o sabes para ti*). O *te* está de sobra, por ser uma peculiaridade da língua hebraica. E, por não dar-se conta disto, aconteceu que alguns traduziram nesta passagem: *se não te sabes* ou *se não te conheces* etc., como se a Esposa não soubesse a respeito de si e perguntasse por si, o que, como se pode ver, está muito distante daquilo que aqui se tem em vista. Porque a Esposa não se desconhece; ao contrário, ela se conhece muito bem, como já vimos: sabe que é morena e bronzeada pelo sol. O que ela sente é a ausência do Esposo, e o que deseja é saber dele, e por isso pede que lhe diga onde está. E a esta pergunta e pedido o Esposo responde, dizendo: *Se não o sabes*, ou seja, se não sabes onde estou.

Bela entre as mulheres, ou seja: mais bela que todas as mulheres.

As pegadas do gado: em hebraico se diz *hacab*, que é a parte posterior do pé, que chamamos calcanhar. Pondo o nome da causa por seu efeito, será o mesmo que dizer: *o rastro* que se deixa ao pisar o chão com o pé e o calcanhar. Dizer que ela siga as pegadas pode ser entendido de duas maneiras: que a Esposa siga o Esposo, ou siga as pegadas deixadas pelo rebanho que passou; ou, então, que vá atrás de seus próprios cabritos, seguindo-lhes as pegadas, porque eles, pelo costume de seguir o mesmo caminho ou pelo amor e instinto natural que os guia em direção às mães, a levarão até ao Esposo. Pois devemos entender que estes haviam permanecido, como de costume, presos no curral dos cabritos, enquanto o Esposo levava as mães para pastar no campo.

E, por isso, acrescenta: *Apascentarás teus cabritos junto às cabanas dos pastores*; ou seja: eles te levarão para onde os leva o seu amor e onde têm seu pasto, que é o lugar onde eu estou com os demais pastores.

Ao dizer *teus cabritos* é preciso atentar para a elegante nobreza de Salomão, porque, por serem as mulheres mais delicadas, geralmente evita-se confiar-lhes trabalhos pesados. Assim, se o marido cava, a mulher retira as pedras; se ele poda, ela recolhe os sarmentos podados; se ele ceifa, ela amontoa; e assim o marido conduz o gado grosso, ao passo que ela costuma acompanhar o gado miúdo.

No sentido espiritual, quando diz que ela siga as pegadas do rebanho se quiser encontrá-lo, o Esposo aconselha as almas justas que o desejam a respeito de duas coisas muito importantes: primeiramente, que para encontrar a Deus, mesmo nas coisas grosseiras e sem razão, temos muita ajuda e guia, porque, como se diz no Salmo (19,1-2), *os céus cantam a glória de Deus, e o céu estrelado narra suas maravilhas; um dia após o outro transmite esta palavra, e uma noite após a outra nos dá este aviso*. A grandeza e beleza do céu, que são coisas sem alma e sem inteligência; as estrelas com seus movimentos tão diversos, tão harmônicos e ordenados; os dias e as noites, com as mudanças e estações dos tempos que sempre vêm no momento certo, nos dizem em alta voz quem é Deus, para que não reste desculpa alguma para nosso descuido. Em segundo lugar, alerta-nos que o caminho para encontrar a Deus e a virtude não é o que cada um imagina e traça por si mesmo, mas aquele que já foi trilhado pelo bem-aventurado exemplo de inúmeras pessoas doutas e santas que nos precederam.

8. *Amada minha, eu te comparo à minha égua atrelada ao carro do Faraó.*

Alegre com a graciosa presença de sua Esposa, o Esposo concebe novas labaredas de amor, dando mostras, através de galantes comparações, daquilo que ele considera belo e bom. Coisa maravilhosa e plena de brio é uma égua branca e bem-ajaezada, como as que hoje os senhores usam em seus carros. Através desta comparação o Esposo mostra a altivez e a galhardia de sua Esposa. E diz *atrelada ao carro do Faraó*, referindo-se com isso ao rei, à terra e ao reino do Egito, cujos reis eram chamados com este título, que significa *vingadores* ou *restituidores*. Porque os antigos nomeavam os ministros da república cada um segundo seu ofício; e o ofício dos "reis" é castigar o mal causado e restabelecer na posse de seus bens os que foram injustamente espoliados. Deve-se entender que naquele tempo eram muito apreciados os carros que se faziam no Egito e também as éguas que para eles eram trazidas de lá, como se deduz do Primeiro Livro dos Reis (5,6). E Salomão, que é quem fala aqui, sendo rei muito rico, possuía em grande abundância as melhores de todas estas coisas, ou porque mandava buscá-las ou porque o rei do Egito lhas presenteava.

Já adverti antes (e valerá para muitas outras passagens onde for necessário) que, embora esta conversa que entre Salomão e sua Esposa seja como se ocorresse entre um pastor e uma pastora, às vezes eles se esquecem da pessoa que representam e falam de acordo com a pessoa que eles são, como nesta passagem em que ele diz que a égua é sua e mostra possuir carros trazidos do Egito, com éguas garbosas para puxá-los, o que não é compatível com um pobre pastor; e outras vezes, ao contrário, eles dizem coisas não condizentes com suas pessoas e muito de acordo com a afeição e a paixão que expressam e com o estilo pastoril que adotam.

9. *Belas são tuas faces com as madeixas; teu pescoço com os colares.*

Com as madeixas: a palavra hebraica, que é *thorim*, é de variada e duvidosa significação. Alguns dizem que significa pérolas ou aljôfares enfiados num cordão; outros dizem que é uma corrente fina de ouro; outros afirmam que são pombinhas feitas de ouro para usar como pingentes; e outros dizem que são fios ou torçais pendentes. Parece-me ter visto em figuras e pinturas antigas, no toucado das mulheres, que do arremate da touca, ou da parte que cai sobre a fronte a partir do princípio das têmporas para trás, pendiam umas franjas até um pouco abaixo do queixo. E, desse modo, podemos harmonizar toda esta diferença, dizendo que as pessoas ricas e importantes as usavam de aljôfar ou pérolas pequenas, colocadas em fios ou correntinhas finas de ouro; e que as extremidades, tanto dos fios como das correntinhas, terminavam em alguns brinquinhos ou pequenas peças de ouro, feitas em forma de pombinhas ou de outras coisas semelhantes; de forma que *thorim* são, propriamente, essas franjas.

Pois, como se imaginássemos que a Esposa estava assim ataviada, diz o Esposo: "Ó Esposa minha, como aparecem tão lindas as tuas faces entre estas pérolas e teu pescoço envolto nos colares!" Isto é, este traje te cai muito bem e te torna maravilhosamente linda, de modo que podemos dizer com um poeta: *Um belo manto uma beldade adorna*. E isso é próprio das que são belas, de modo que tudo quanto põem lhes cai bem e lhes convém naturalmente como se tivesse sido feito para seu ornamento e serviço; e as feias, ao contrário, quanto mais se arrumam e ataviam, piores parecem.

Mas é verdade que dizer *as pérolas* ou *entre as pérolas* dá motivo para um outro sentido que, em minha opinião, vem muito a propósito: não se afirmaria que a Esposa tinha alguns destes adornos que realçavam sua beleza, mas que, ao contrário, não trazia nenhum deles; e mesmo assim, na visão e nas palavras do Esposo, ela era incomparavelmente mais bela do que alguma outra que os tivesse. Porque, como já dissemos, segundo a índole da língua original, dizer *bela entre as mulheres* é como dizer mais bela que todas as mulheres; da mesma forma, dizer *lindas são tuas faces entre as pérolas* é como se dissesse: *mais linda és que todas as pérolas e aljôfares que embelezam outras mulheres*, e teu pescoço, sem joias, é mais belo que todas as joias que costumam embelezar e adornar o pescoço das outras mulheres, ou seja, tua beleza vence qualquer outra beleza, seja ela natural ou auxiliada por artifícios.

10. *Far-te-emos pombinhas de ouro (como pingentes) com arremates de prata.*

Onde dizemos *pombinhas* corresponde, no original, à mesma palavra já comentada, *thorim*; e assim alguns traduzem como *madeixas* e outros como *correntinhas*, como já dissemos. E o Esposo promete mandar fazer as ditas pombinhas e dá-las à Esposa, porque lhe caíam bem, se entendemos que as usava; ou, se não as usava nem tinha, para que as usasse e com elas parecesse melhor. E é muito apropriado que nesta passagem esta palavra signifique *pombas*, porque é muito comum entre os enamorados, nos mimos que fazem para suas amadas, dar-lhes algumas coisas que contenham símbolos e significação de seus afetos: uns de amor, outros de desespero, outros de solicitude ou temor, e alguns outros de ciúmes. E fazem isso escrevendo em tais mimos algum mote ou palavra que expresse o que eles querem dar a entender, ou colocando alguma figura ou cor que expresse o que eles estão sentindo.

Assim o Esposo promete dar à Esposa aqueles torçais de ouro em forma de pombas que possuam os arremates – ou seja, o bico e as unhas – de prata; porque, além de o presente ser belo e confeccionado com arte, dá a entender o afeto do Esposo, que é um amor perfeito, arraigado para sempre na pessoa, como o é o amor que une duas pombas, macho e fêmea. Com efeito, diz-se que esse amor é tão intenso e fiel que, quando uma delas morre, a outra se condena à perpétua viuvez.

11. *Quando o rei estava reclinado, o meu nardo exalou o seu aroma.*

Agora a Esposa responde. E, em matéria de querer bem a seu Esposo e de prestar-lhe favores e mostrar-lhe a afeição de seu coração com todas as belas palavras que o amor pode e sabe, não quer ficar em desvantagem. Por isso, como o Esposo havia prometido dar-lhe aquelas joias de que falamos, feitas de ouro com arremates de prata, ela, como é característico do amor terno, diz que quer retribuir-lhe com um favor requintado, ou seja, quando ele estiver à mesa, espargirá sobre ele seus mais preciosos e suaves aromas.

Quando estava, diz ela – isto é, quando estiver, segundo a índole do hebraico de que já falamos –, *o rei em seu repouso*. A palavra hebraica é *mesab* e quer dizer *recosto* ou *ao redor*, o que, segundo os doutores hebreus, neste lugar é o mesmo que *banquete* porque, conforme o costume antigo, que ainda hoje perdura entre os mouros, as pessoas comiam reclinadas e dispostas em círculo, porque era assim a forma das mesas.

Meu nardo: o *nardo* é uma raiz de aroma intenso que agora é trazida da Índia portuguesa, sobre a qual escrevem Plínio e Dioscórides, e é conhecida e usada nas farmácias. Desta principalmente e de outras plantas aromáticas se costumava fazer uma essência de fragrância suave e delicada, com a qual os antigos borrifavam a cabeça e as mãos. Os gregos chamam-na *nardina* e os hebreus, pelo mesmo nome da raiz, a chamam *nordi*. Galeno a menciona e São João (12,3) diz que Maria Madalena derramou um frasco de nardo muito precioso sobre a cabeça e o rosto de Jesus.

Junto com isso, devemos lembrar que era costume entre os hebreus aspergir com esse líquido os convidados quando se tratava de pessoas ricas e importantes, ou aqueles a quem se desejava ou se devia prestar mimos e favores, por ser coisa muito apreciada e estimada, além de muito suave e agradável. Como podemos ver claramente em São Mateus (26,6-13), quando Cristo, ao defender a mulher pecadora que estava a seus pés, lavando-os com suas lágrimas e ungindo-os com este unguento, diz ao fariseu (Lc 7,44-46) que o havia convidado para a refeição: "Esta mulher fez o que tu devias ter feito segundo a lei da boa paz, da razão e do costume, e não o fizeste. Tu me convidaste e não ungiste minha cabeça com unguento perfumado, enquanto ela ungiu meus pés". Deste modo, ficam claras as palavras da Esposa, que expressam a grande alegria e contentamento que ela sente pelo favor que vai prestar a seu Esposo. Quando, diz ela, estava o meu rei em seu banquete, alegre e cercado por seus convidados, sobre ele somente derramei os meus perfumes. E por isso diz: *o nardo exalou o seu aroma*, que mais se sente quando o líquido é espargido.

12. *Um ramalhete de mirra é para mim o meu Amado; morará entre meus seios.*

É coisa bela e amada pelas donzelas um ramalhete de flores ou de outras coisas igualmente aromáticas, que elas trazem sempre nas mãos e aproximam do nariz e, na maioria das vezes, escondem entre os seios, lugar desejado e belo. Pois ela diz que considera o Esposo como um ramalhete, que, pelo grande amor que tem por ele, ela traz sempre diante de seus olhos, entre seus seios e assentado em seu coração.

Mirra é um arbusto que cresce na Arábia, no Egito e na Judeia. Quando se fazem incisões em sua casca no tempo propício, este arbusto destila o que chamamos mirra. As flores e as folhas dessa planta exalam um excelente aroma e é a elas que a Esposa se refere.

13. *Cacho florido de copher é meu Amado para mim, das vinhas de Engadi.*

Ao averiguar que árvore seria esta, aqui chamada *copher*, nota-se grande diferença. Alguns a traduzem como *cipro*, como, por exemplo, São Jerônimo, para o qual se trata de uma árvore com esse nome, e não da ilha de Chipre, como alguns erroneamente presumem.

Outros traduzem como *alcânfora* ou *alfena*; outros ainda dizem que é uma espécie de *palmeira*. Certo é que se trata de uma espécie aromática e muito preciosa e, diante de tanta diversidade de opiniões, o mais provável é que *copher* seja a árvore da qual se extrai o bálsamo verdadeiro e finíssimo, como se faz com a videira. E, como essa árvore é estranha para nós e não cresce em nossa terra, não temos um nome próprio para ela; e por isso é chamada por tantos nomes. Estas vides crescem na Palestina, em Engadi, cidade situada às margens do mar Morto, como se lê em Josué (15,62), e por isso acrescenta: *das vinhas de Engadi.*

O Esposo responde e diz:

14. *Oh, como és bela, minha Amada! Oh, como és bela! Teus olhos de pomba.*

Tudo isso é como que uma disputa amorosa entre Esposo e Esposa, em que cada qual procura superar o outro em proferir amores e galanteios. Ele louva, portanto, a beleza da Esposa que, a seu ver, era sumamente bela, e declara ser grande a beleza dela, utilizando essa repetição de palavras que é comum na Sagrada Escritura, dizendo: *És bela, minha Amada, és bela*; como se dissesse: *És bela, belíssima.*

E, como grande parte da beleza está nos olhos, que são espelho da alma e o mais nobre de todos os sentidos, e como eles sozinhos, se são feios, bastam para enfear o rosto de uma pessoa por mais graciosas que sejam suas feições, por isso especialmente, após elogiar a beleza de sua Esposa em geral, ele faz menção aos olhos, e diz que são como os de uma pomba. As pombas que vemos por aqui não têm olhos tão lindos, porém são lindíssimos os das pombas da Palestina, que, como sabemos por relatos de mercadores e por algumas que eles trazem do Oriente e que são chamadas tripolinas, são muito diferentes das nossas, principalmente quanto aos olhos, que são grandes e bem redondos, cheios de esplendor e de movimento muito veloz e de uma cor exótica que parece fogo vivo.

15. *E tu, como és belo, meu Amado, e quão gracioso! E também o nosso leito é florido, as vigas de nossa casa são de cedro e as molduras do teto são de cipreste.*

Ao responder, a Esposa paga ao Esposo na mesma moeda, reconhecendo e tornando pública a beleza que nele existe. E porque a beleza não está somente na mostra exterior da boa proporção de feições e na seleta pintura de cores naturais, mas tem sua sede também e principalmente na alma; e porque esta beleza da alma se chama graça e se mostra exteriormente e se manifesta através dos movimentos da própria alma – como olhar, falar, rir, cantar, andar e outros mais, os quais na língua toscana são geralmente chamados *atti* –, de tal maneira que, sem esta beleza, a outra do corpo é uma fealdade sem sal e sem graça, e menos digna de ser amada do que uma imagem, como se vê cada dia; por este motivo, a Esposa, para elogiar perfeitamente seu Esposo, lhe diz: *E tu és belo e gracioso.*

Nestas duas passagens do Esposo e da Esposa encontra-se no hebraico uma palavra que em latim é interpretada como *ecce*, e é uma palavra que aqui dá mostras de grande afeto e regozijo da parte de quem fala; como alguém que, estando a contemplar a beldade amada, não cabe em si nem pode conter o ímpeto da alegria que lhe agita o coração e, por fim, prorrompe e diz: "Oh, como és bela! Oh, como és graciosa!" ou outra exclamação de imperioso afeto, afeto este que não pode ser pintado ao vivo através da escrita, porque o traço da pluma só chega até aquilo que a língua pode descrever, e esta é quase muda quando se põe a expor alguma paixão intensa.

Portanto, diz a Esposa: "Se eu sou bela, como tu dizes, meu amor, e se assim pareço aos teus olhos, tu não és menos aos meus olhos. És belo como a própria beleza e mais gracioso e garboso do que a graça; e não somente és graciosidade, mas também todas as tuas coisas, por serem tuas, são, por semelhança, belas e lindas: a cama é coberta de flores e a casa é rica e belamente construída. Afinal, tudo é lindo e tu és mais lindo que tudo isso".

E ao dizer *também nosso leito é florido*, veladamente convida-o a vir para junto dela, que é um desejo que segue naturalmente, depois do alto conceito que teve de seu Esposo, quando disse aquelas palavras: *Oh, como és belo, meu Amado. Oh, como és gracioso!* Quanto ao *teto de cipreste*, são as tábuas ou molduras assentadas sobre as vigas, as quais, segundo diz, eram de cedro.

No espírito desta passagem está expresso o desejo das almas que amam a Deus e gostariam de encontrar-se com ele. Contudo, elas são ainda imperfeitas na virtude, porque desejam trazê-lo para si e desfrutá-lo em sua casa e em seu leito, que é onde elas têm seu descanso, suas riquezas e seu contentamento. Mas Deus as chama e procura desinstalá-las deste deleite, como adiante veremos.

Capítulo II

1. (Esposa) *Eu (sou) rosa do campo e açucena dos vales.*

2. (Esposo) *Como a açucena entre os espinhos, assim é minha Amada entre as filhas.*

3. (Esposa) *Como a macieira entre as árvores silvestres, assim é o meu Amado entre os filhos; à sua sombra desejei; sentei-me e seu fruto é doce ao meu paladar.*

4. *Introduziu-me na câmara do vinho; a sua bandeira em mim (é) amor.*

5. *Rodeai-me com vasos de vinho, cercai-me de maçãs, pois estou doente de amor.*

6. *A sua esquerda debaixo de minha cabeça e a sua direita me abrace.*

7. (Esposo) *Conjuro-vos, filhas de Jerusalém, pelas cabras ou pelas cervas montesas, que não desperteis e não acordeis o Amor antes que ele o queira.*

8. (Esposa) *(Ouve-se) a voz de meu Amado. Ei-lo que vem atravessando os montes, saltando pelas colinas.*

9. *Meu Amado assemelha-se à cabra montesa ou ao filhote de corça. Ei-lo (que já está) atrás de nossa parede, espreitando pelas janelas, olhando através das frestas.*

10. *Falou o meu Amado e me disse: Levanta-te, Amada minha e formosa minha, e vem.*

11. *Já vês: passou o inverno, passou a chuva e foi-se embora.*

12. *A terra cobre-se de flores; chegou o tempo de podar; ouve-se a voz da rola em nosso campo.*

13. *A figueira produz seus figos e as vinhas de pequenas uvas exalam aroma. Portanto, minha Amada, minha bela, levanta-te e vem.*

14. *Pomba minha, (pousada) entre as fendas da rocha, nas sinuosidades do caracol, mostra-me teu rosto, deixa-me ouvir tua voz; porque tua voz é doce e teu rosto é belo.*

15. *Agarrai-nos as raposas pequenas, destruidoras de vinhas, porque a nossa vinha está em flor.*

16. *O meu Amado é meu, e eu sou dele, (daquele que) apascenta entre os lírios.*

17. *Antes que sopre o dia e fujam as sombras, retorna. Sê, Amado meu, semelhante à cabra ou ao corço sobre os montes de Beter.*

Exposição

No princípio deste capítulo, Esposo e Esposa dão continuidade à amorosa porfia de elogiarem-se mutuamente o mais que podem. Depois, no decorrer do capítulo, a Esposa discorre longamente sobre algumas coisas que nos dias passados haviam acontecido entre ela e seu Esposo.

1. *Eu sou rosa do campo e lírio dos vales.*

Estas palavras, como tais, podem ser entendidas como ditas indiferentemente por qualquer um dos dois. Contudo, nos parece mais apropriado entender que as tenha dito a Esposa, porque, por ser mulher, tem mais liberdade para elogiar-se, e que elas dependam e constituam uma só frase com o que ela acaba de dizer no fim do primeiro capítulo: *Nosso leito florido e nossa casa de cipreste*. E acrescenta: e *eu sou rosa do campo*, para assim pedir e persuadir mais o Esposo a que a ame e acompanhe e em nenhum momento a abandone.

Eu sou rosa do campo: a palavra hebraica é *habatze-leth*, que, segundo os mais doutos naquela língua, não é qualquer rosa, mas uma certa espécie entre elas, de coloração preta, mas muito bela e de agradável aroma. E vem a propósito que ela se compare a essa rosa porque, como aparece naquilo que já dissemos, a Esposa confessa que, embora linda, era um tanto morena.

Açucena dos vales: porque, por estar em lugar mais úmido, está mais fresca e com melhor aparência. Isso diz a Esposa a respeito do Esposo, como se dissesse mais claramente: *Eu sou rosa do campo* e tu, meu Esposo, és *lírio dos vales*. Nisto mostra o quanto a formosura de um condiz com a beleza do outro e que, como se diz a respeito dos desposados, são feitos um para o outro, como o são a rosa e o lírio, porque, estando juntos, aumenta a graça de ambos, e agradam à vista e ao olfato mais do que cada um por si. O que traduzimos como *açucena* ou *lírio*, em hebraico é *sosanah*, que quer dizer flor de seis pétalas. Qual seja esta flor ou como se chame por aqui, não foi muito investigado, nem tem muita importância, e por isso a chamaremos ora açucena, ora aleli, ora violeta.

2. *Como lírio entre os espinhos, assim é minha Amada entre as filhas.*

A flor que nasce entre os espinhos é tanto mais amada e prezada quanto mais abomináveis são os espinhos entre os quais ela nasce e, diante da feiura daqueles, ressalta mais a beleza da flor. Isso pressuposto, o Esposo concorda com o que a Esposa diz sobre si mesma, e acrescenta que muito mais se faz notar e se mostra a rosa entre os espinhos do que entre outras rosas. De modo que, ao dizer isto, não só diz que a Esposa é bela, como uma rosa entre outras rosas, mas tão bela que só ela é rosa e, em comparação com ela e na presença dela, as demais parecem espinhos.

Quando diz *entre as filhas* é como se dissesse entre todas as donzelas, de acordo com a índole da língua hebraica, porque, quando utiliza esta palavra *filhas* assim isoladamente, refere-se somente às donzelas; e quando acrescenta alguma outra palavra, como ao dizer *filhas de Jerusalém* ou *filhas de Tiro*, significa todas as mulheres daquela terra, de qualquer estado ou condição que sejam. Porque a Esposa é donzela; e das mulheres as donzelas possuem a beleza mais completa e mais bela e a Esposa supera todas elas.

Segundo o espírito desta passagem, é digno de considerar que a Igreja é rosa entre espinhos e não rosa cultivada e bem-tratada, porque não é obra dos jardineiros do mundo, mas flor que cresce e se sustenta somente pela clemência do céu, como diz São Paulo (1Cor 3,6): *Eu plantei e Apolo foi quem regou; porém somente o Senhor o trouxe para a luz e o crescimento.* E esta rosa está cercada de espinhos, que são as inúmeras seitas infiéis e heresias e crenças supersticiosas que a cercam e procuram sufocá-la. Porém, firme e segura é a promessa do Senhor e, quanto mais fortes forem os golpes, tanto mais cintilará a luz da verdade.

3. *Como a macieira entre as árvores silvestres, assim é o meu Amado entre os filhos; à sua sombra desejei, sentei-me e seu fruto é doce ao meu paladar.*

Diz a Esposa: tens em relação aos outros mancebos uma vantagem tão grande como a de uma macieira viçosa e carregada em relação às árvores silvestres e montesinas. Árvore formosa é uma macieira cheia de folhas e carregada de frutos: com isso, a Esposa dá ao Esposo um elogio maior do que aquele que havia recebido, porque ele a comparou com a açucena, que é coisa formosa, mas de pouco ou nenhum fruto, ao passo que a macieira, a que ela o compara, possui ambas as coisas: a beleza e o fruto. E leva adiante esta comparação, e diz que, assim como uma macieira grande e verdejante, com a beleza de seus frutos e o frescor de suas folhas, costuma convidar os que a veem a descansar à sua sombra e colher seus frutos, assim também a vista de seu Esposo despertou nela semelhante desejo e, assim como o desejou, logo o pôs em prática.

À sua sombra desejei, ou seja, repousei. *Sentei-me*, isto é, consegui o objeto de meu desejo. *E seu fruto é doce ao meu paladar*: aqui se expressa uma posse total e perfeita. E como, ao dizer isto, retornava à memória o passado daqueles seus primeiros e mais doces amores, ela leva adiante o fio do pensamento e conta, através de palavras muito graciosas e com brandura de afetos, grande parte de suas peripécias passadas: como o Esposo se entregou a ela; como ela desmaiou em seus braços; os afagos que dele recebeu ao estar assim desmaiada, e outras coisas de intensa afeição e ternura. E por isso diz:

4. *Introduziu-me na câmara do vinho e a sua bandeira em mim é amor.*

Já dissemos que através do vinho se expressa na Escritura Sagrada tudo o que é deleite e alegria. De modo que entrar na câmara do vinho é acomodar-se e desfrutar, não por partes, mas por inteiro, a alegria mais intensa; o que, no tocante à Esposa, consistia nos grandes agrados e demonstrações de profundo amor que recebeu do Esposo. E, por isso, acrescenta: *a sua bandeira em mim é amor*. O que pode ser compreendido em dois sentidos: *carregar bandeira*, na língua hebraica, como se verá mais adiante, é destacar-se alguém e avantajar-se em algum domínio, como o alferes que a carrega se destaca entre todos os de seu esquadrão. E, segundo esta acepção, ela quer dizer: o Esposo enriqueceu a minha alma de alegria, encheu-a de um incrível contentamento, e isto porque em nenhuma outra coisa ele quis destacar-se e avantajar-se tanto como em amar-me.

E podemos entender – e este é o sentido mais apropriado – que a Esposa diz assim: o meu Amado introduziu-me em sua adega e eu o segui. Da mesma maneira que os soldados seguem a sua bandeira, a bandeira que me conduz e que eu sigo é o seu amor. Porque forçoso é que qualquer um que não tenha perdido o bom-senso ame a quem o ama e, ao amá-lo, confie nele e, por confiar, se deixe conduzir sem suspeitas e sem receios para onde o outro quiser. Porque o amor sempre é porto da confiança e aquele que é amado compreende bem que quem o ama não o leva senão para onde lhe será proveitoso. E isto é o que diz a Esposa: sabendo como seu Esposo a amava, deixou-se levar e guiar muito confiante nesse amor. E seu Rei e Esposo, que a conduzia, introduziu-a em sua adega, onde lhe prestou favores e benefícios especiais, que se tornaram um novo incentivo para aumentar-lhe o amor. Pois é certo que os dons e benefícios, ainda que não sejam a causa do nascimento do verdadeiro amor, ao menos fazem parte de seu crescimento e são como que os mantimentos com que ele se sustenta e conserva.

5. *Rodeai-me de vasos de vinho, cercai-me de maçãs, pois estou doente de amor.*

A fraqueza do coração humano não tem força suficiente para suportar nenhum extremo, nem de alegria, nem de dor. Seja pela excessiva alegria que sentiu então por causa dos favores de seu Esposo, seja pela aguda dor que sente agora ao recordar-se daqueles favores e ver-se despojada deles, a Esposa desfaleceu. E não diz diretamente que desfaleceu, usando esta palavra; mas diz as palavras com que pediu remédio para o seu desfalecimento e, através delas, expõe o seu mal com mais graciosidade do que se tivesse empregado palavras claras para explicar-se, da seguinte maneira: "A alegria sobrepujou o desejo e o coração, e assim este faltou-me e, desfalecida, comecei a dizer: *Fortalecei-me com vasos de vidro*". Assim entendem a palavra hebraica *asisoth* os doutos naquela língua, embora o texto da vulgata traduza como *flores*.

Tanto os vasos de vidro quanto as flores são coisa para reanimar quem está enfermo; e os vasos de vidro, neste caso, devem ser entendidos como cheios de vinho, para que, com seu aroma e sabor, voltasse a si seu coração desfalecido. E, pelo mesmo motivo, ela pede que a rodeiem de maçãs. E, ao dizer *fortalecei-me*, dá-se a entender o desfalecimento de sua força, que estava se esvaindo. E, pelo fato de dizer *ponde maçãs por baixo de mim*, conclui-se que ela já estava caída e deitada. Ao dizer *estou doente de amor*, não se refere à enfermidade própria do corpo, senão a uma grave aflição da alma, causada pela imaginação de alguma coisa, e disso se segue o desfalecimento do corpo.

6. *A sua esquerda debaixo de minha cabeça e a sua direita me abrace.*

Prossegue a enamorada Esposa pedindo socorro para seu desfalecimento. O natural remédio para os que desfalecem de amor é ver junto de si os que eles amam e que estes demonstrem cuidado e carinho e se condoam do seu mal; porque, se é deles que advém seu sofrimento, é deles que advirá seu alívio e descanso. E assim a Esposa, já desfalecida, pede ao Esposo que se aproxime dela e a sustente e a envolva em seus braços. E nisto o Esposo não foi negligente, porque, ao vê-la desfalecida, acudiu prontamente e a tomou em seus braços; e o fez, conforme ela diz, colocando o braço esquerdo por baixo da cabeça dela e abraçando-a com o direito. E devemos entender que a Esposa disse isto nos intervalos de desfalecimento, quando volta a si, como se vê naqueles que, sentindo esta paixão, desmaiam e depois voltam a si falando algo sobre aquilo que lhes dói, para desmaiar novamente. E essa batalha dura até consumir-se o mau humor.

7. *Conjuro-vos, filhas de Jerusalém, pelas cabras ou pelas cervas montesas, que não desperteis e não acordeis o Amor antes que ele o queira.*

Devemos entender que a Esposa adormeceu nos braços do Esposo; porque é natural, após o desfalecimento, seguir-se o sono, para voltar a si e recuperar a energia cansada pela luta anterior. Assim o Esposo, percebendo que ela havia adormecido, coloca-a delicadamente no leito e, voltando-se para os que estavam presentes, conjura-os por tudo que há de mais sagrado que lhe vigiem o sono e a deixem repousar. Estas pessoas que ele conjura eram companheiras da Esposa, que, como aqui se imagina, ela trazia consigo, e eram caçadoras, como parece pelo conjuro que o Esposo lhes faz. E isso é muito condizente com a estrutura ficcional deste Livro, porque, sendo pastora a Esposa, espera-se que suas companheiras sejam rústicas e que exerçam trabalhos do campo, como pastorear e caçar. E era costume nas terras da Ásia, principalmente nas proximidades de Tiro e nas regiões da Judeia, que as virgens se exercitassem na caça. Por isso o Esposo as intima e as obriga por juramento, dizendo: "Filhas de Jerusalém, oxalá tudo vos corra sempre bem na caça e oxalá desfruteis as cervas e as belas cabras montesas. Rogo-vos e peço-vos insistentemente que não desperteis a minha Amada, até que ela queira e até que ela desperte por si mesma".

Esse é um costume muito comum entre todos os bons autores como também entre todos os povos: suplicar a felicidade ou a desgraça dos esforços e atividades de outro quando lhe querem rogar algo ou lhe desejam mal. Por exemplo, quando, a alguém que estuda, dizemos: "Oxalá Deus te torne um bom letrado"; e a alguém que pretende honrarias: "Oxalá eu possa ver-te como um grande senhor"; e a um marinheiro: "Oxalá Deus te conceda boas viagens"; e assim por diante.

Em sentido espiritual, causam um grande dano aqueles que despertam para o desassossego desta vida uma alma que está ferida pelo amor de Deus e repousa em seus braços. É o que se deduz desta passagem.

8. *Ouve-se a voz de meu Amado. Ei-lo que vem atravessando as colinas, saltando pelos montes.*

O cuidado do amor é tão grande e está tão atento àquilo que deseja que, como se diz, a mil passos o pressente, entre sonhos o ouve e atrás dos muros o vê. Finalmente, o amor é de tal natureza que realiza obras naqueles em quem reina, obras muito diferentes da experiência comum dos homens. E, por isso, os que não sentem em si mesmos tal efeito não acreditam nelas, ou estas lhes parecem milagres, ou, melhor dizendo, lhes parece loucura ver e ouvir tais coisas nos enamorados. Disso resulta que os autores que tratam do amor são malcompreendidos e considerados autores de devaneios e disparates. Por isso um poeta antigo e muito apaixonado por nossa nação[9] pôs no início de suas canções esta sentença:

> Não veja meus escritos quem não é triste,
> Ou quem não esteve triste em momento algum.

Assim, as coisas estranhas que sentem, dizem e fazem aqueles que amam não podem ser compreendidas nem cridas a partir dos livros de amor. Por conseguinte, muitas coisas deste Livro serão forçosamente obscuras, tanto para o expositor como para todos aqueles que estejam frios e tíbios no divino amor; e, ao contrário, para quem tiver e experimentar em si mesmo o espírito desta obra tudo será muito claro e nada lhe parecerá impossível nem disparatado.

Pois vemos aqui que a Esposa, cansada devido aos apertos por que passara, está dormindo; e, mesmo assim, no momento em que seu Esposo fala, sente sua voz e a reconhece sem erro e dá-se conta de sua chegada, dizendo: *Voz de meu Amado*. Ou isso ocorreu realmente assim, e a Esposa o relata agora que o Esposo, preocupado com a enfermidade dela, retornou para ver se repousava e para fazer-lhe companhia e, se ela quisesse fortalecer-se, convidá-la a sair para o campo, que, por ser o início da primavera, já estaria verde e muito flo-

---

9. Áusias March, séc. XV, natural da Catalunha.

rido e lhe seria um grande remédio para sua tristeza e enfermidade. Ou então foi um sonho ou imaginação que a Esposa, por causa do grande amor, fantasiou para si mesma, parecendo-lhe que já via o Esposo e conversava com ele, pois é natural aos que amam ou tratam de algum negócio com intenso cuidado que os sonhos lhes tragam imagens semelhantes; porque agora, como eu disse, ela vai referindo o que viu então e falou como que entre sonhos, com as mesmas palavras que utilizou. Ao dizer: *Voz de meu Amado*, mostra muito bem, através das palavras entrecortadas, o alvoroço de seu coração.

Ei-lo que vem cruzando montes e saltando colinas. Os que imaginam com desatino alguma coisa costumam fantasiar que veem tanto o ausente e distante quanto o próximo e presente, juntando coisas diferentes e confundindo os tempos, como se tudo fosse uma coisa só. A Esposa está em seu leito desfalecida, mas parece-lhe estar vendo o Esposo que vem voando pelos montes e colinas como se fosse uma cabra ou um corço, animais ligeiríssimos.

9. *Ei-lo que já está atrás da parede, espreitando pelas janelas, mostrando-se através das grades.*

Todo este mostrar-se e esconder-se e não entrar repentinamente, mas ficar espreitando ora por um lado ora por outro, é típico dos grandes enamorados; e são uns deleites e jogos graciosíssimos de amor, como que uma brincadeira de esconde-esconde tão querida pelas crianças, exposta aqui com grande propriedade e beleza de palavras. Porque se diz que, quando ela o vê por entre as portas, ele rapidamente se retira dali e corre para mostrar-se pelas seteiras da casa; e dali, ao ser visto, passa para as grades e se mostra um pouco, e assim de um lugar para o outro, e em todos ela o segue e alcança com a vista. E nesta brincadeira, muito comum por aqui que, quando um se esconde, o outro, burlando, diz: "Ah! Estou vendo tua cabeça; agora vejo teus olhos por entre as portas. Oh! Já se foi. Ei-lo. Ei-lo ali, assomando à janela". E, como já dissemos, estas coisas, embora pareçam coisas de criança, não o são entre os amantes, porque eles estimam algumas coisas de que os outros fazem pouco caso e, em contrapartida, as coisas que os outros apreciam ou nas quais se deleitam, a eles causam fastio.

Mostrando-se pelas janelas. Na língua hebraica tem-se nestas palavras uma graciosa comparação, que não se percebe em nossa língua. Onde dizemos *mostrando-se*, a palavra hebraica é *metzitz*, que vem de *tzitz*, que é propriamente o mostrar-se da flor quando brota ou quando de outra maneira se deixa ver. Pois como os cravos costumam aparecer pelos pequenos buracos dos caniçados que os cercam ou das vagens que rompem ao brotar, e como as rosas, ao desabrochar, não se mostram totalmente, mas somente um pouco, assim ela imagina e diz que seu Esposo se revela mais que o cravo e que a bela rosa, ora aqui, ora ali, mostrando às vezes apenas os olhos e nada mais, e outras vezes somente os cabelos.

10. *Falou o meu Amado e me disse: Levanta-te, formosa minha, Amada minha, e vem.*

11. *Já vês: passou o inverno, passou a chuva, foi-se embora.*

12. *A terra cobre-se de flores; chegou o tempo de cantar, ouve-se a voz da rola em nossos campos.*

13. *A figueira já produz seus figos e as vinhas de pequenas uvas exalam aroma.*

Ela relata o que seu Esposo disse, ou, se preferirmos, o que ela imaginou entre sonhos que ele lhe dizia: *Levanta-te, Amada minha*. Aqui ele convida a Esposa a desfrutar seus amores. E, já que ele caminha pelo campo, que é o melhor lugar para o amor, pede-lhe que saia e vá até ele e, para incentivá-la mais, expõe-lhe o amor que sente por ela com palavras delicadas como *Amada* e *formosa*; e, junto com isso, lembra a estação do verão, que é tempo ameno, aprazível e muito propício para os amores, e por isso diz: *Levanta-te*. Pelo fato de dizer *levanta-te*, pressupõe-se que ela estava deitada e indisposta. Por isso, pede que ela se anime e, para o bem de sua saúde, saia com ele para desfrutar o frescor e a beleza do campo, pelo qual têm natural afeição os corações enamorados; campo que, com a chegada do verão, estava muito agradável, como ele o pinta poeticamente através de diversos e aprazíveis circunlóquios.

Diz: *Já vês: passou o inverno, passou a chuva, foi-se embora*. Todas estas são características da primavera. *Chegou o tempo de cantar*: e isso é verdade tanto para os homens quanto para os pássaros, porque, com o novo ano e a aproximação dos dias ensolarados, renova-se o sangue e o humor que toca o coração com uma nova alegria, o aviva e desperta e faz com que, através do canto, dê mostras de seu prazer.

A voz da rolinha, ave que costuma chegar junto com o verão, como as andorinhas, *é ouvida em nosso campo*.

As vinhas de pequenas uvas exalam aroma. Ou seja, estão no início, estão ainda verdes e em processo de amadurecimento. E tudo isso poderíamos entender como uma única sentença, como se dissesse: "Levanta-te, meu amor, da cama onde estás deitada e vem; e não tenhas medo de sair, porque o tempo está maravilhoso; o inverno, com seus ventos e seu frio que poderiam te fatigar, já passou; o verão já chegou, como se vê através de todos os seus sinais: as árvores se vestem de flores, as aves entoam suas músicas com nova e mais suave melodia e a rolinha, ave peregrina, que não inverna em nossa terra, já está por aqui e a ouvimos cantar; as figueiras já produzem seus figos, as videiras se revestem de sarmentos e exalam o aroma de sua flor; de maneira que por toda parte o verão já se manifesta; a estação é fresca, o campo está lindo, todas as coisas favorecem a tua vinda e ajudam o nosso amor e parece que a natureza nos prepara e adorna o quarto. Por isso, *levanta-te, Amada minha, e vem*".

14. *Pomba minha, pousada entre as fendas da rocha, nos esconderijos das ruínas, mostra-me teu rosto, deixa-me ouvir tua voz, porque tua voz é doce e teu rosto é belo.*

Todas essas palavras são de amor e galanteio que, na continuação de seu relato, a Esposa diz que o Esposo lhe dirigiu. Através delas, portanto, o Esposo declara para sua Amada a natureza de seu amor, e como ela deve proceder neste ofício de amá-lo; e para isso emprega uma graciosa analogia com as pombas, cuja sabida singularidade ficará esclarecida neste lugar.

As pombas comportam-se de tal maneira em sua companhia que, depois que um macho e uma fêmea, ou seja, um pombo e uma pomba se unem para viver juntos, só desfazem a relação quando um deles morre. E isso vem do amor natural que os une. E a pomba é muito obediente a todas as vontades do pombo; a tal ponto que não lhe basta o amor e lealdade que por natureza tem por ele, mas também sofre muitas repreensões e ciúmes importunos da parte do marido. Porque, entre todas as aves, esta é a que dá maiores mostras de ciúmes. Assim, ao chegar de fora, o companheiro ora fere com o bico a companheira, ora a repreende e com um arrulho áspero mostra grandes indícios de sua suspeita, cercando-a muito irritado e arrastando a cauda pelo chão; e, diante de tudo isso, ela se mantém muito paciente, sem mostrar-se áspera nem aborrecida. E estas aves são, entre todos os animais irracionais, as que demonstram mais claramente a grande intensidade de seu amor, tanto por andarem sempre juntas e manterem a lealdade mútua com grande simplicidade, como pelos beijos que se dão e pelos afagos que trocam entre si depois de passadas aquelas iras.

Pois o Esposo dá a conhecer à Esposa que é desta mesma maneira que ambos deverão comportar-se no amor. E, por isso, lhe diz: "Vem cá, minha companheira, que já é tempo de celebrarmos estes doces esponsais. Sabe que eu sou pombo e tu hás de ser pomba, e não de outro pombo, mas pomba minha e Amada minha e eu serei Amado e companheiro teu. Esse amor há de ser firme para sempre, sem que nada jamais o diminua; e, apesar de tudo isto, devo pedir-te todo o cuidado".

E porque, embora haja muitas pombas num mesmo lugar, cada par vive para si, nem a pomba procura o ninho alheio, nem um pombo estranho se apodera do seu, é justo que nós também nos retiremos para o nosso cantinho à parte. Por isso, vem para o campo, pomba minha: aqui neste penhasco se encontram alguns buracos muito apropriados para nossa morada e algumas covas neste barranco escarpado. Aqui, pomba minha, mostra-me teu rosto e aqui possa eu ouvir-te cantar, porque neste recanto me agradas e nesta solidão teu rosto é muito belo e tua voz maviosa.

Diz: *Pomba pousada entre as fendas da rocha* porque em semelhantes lugares as pombas selvagens costumam fixar sua morada. No que se acrescenta – *nos esconde-rijos das ruínas* – existe diferença, que alguns traduzem como: *nas sinuosidades do caracol*. Tanto num caso como no outro, entende-se a existência de uma construção antiga e em ruínas, como é comum encontrar nos campos, onde as pombas e outras aves costumam fazer seus ninhos.

15. *Prendei-me as raposas, as raposas pequenas destruidoras das vinhas; porque a nossa vinha está em flor.*

Podemos compreender estas palavras como ditas pelo Esposo ou pela Esposa. Comentemo-las primeiro como se fossem ditas pela Esposa e depois analisaremos o outro sentido. Orgulhosa e satisfeita com os favores e doces palavras que seu Amado acaba de lhe externar, a Esposa é movida neste caso por um afeto muito comum aos mimoseados quando estão diante de quem os ama e mimoseia. Vamos explicar com o exemplo seguinte: quando uma mãe esteve ausente de seu filho e, ao retornar, pede por ele e o chama e o abraça, mostrando-lhe toda a sua ternura, a primeira coisa que a criança faz é queixar-se de quem a ofendeu na ausência dela e, choramingando graciosamente, relata da maneira como pode a injúria recebida e pede à mãe que a vingue. A mesma coisa faz uma esposa ou mulher casada que ama muito seu marido que esteve ausente: cai imediatamente em seus braços, queixando-se das desgraças que lhe ocorreram durante a sua ausência. A Esposa mostra aqui esse afeto, no momento em que se vê acariciada e presenteada com o chamado do Esposo e com tudo o que ele lhe disse. Queixa-se daquilo que mais a ofende, que é o seguinte: como ela possuía uma vinha muito estimada, e via que as videiras já estavam em flor e começavam a mostrar os pequenos bagos verdes, temia muito que as raposas a arruinassem; e, queixando-se da raça daninha, pede socorro ao Esposo e aos outros pastores, seus companheiros, dizendo: *Caçai-me as raposas pequenas.*

E, ao dizer *pequenas*, é bem condizente com as características da natureza; pois, quando as vinhas começam a dar os cachos e antes que amadureçam criam-se as ninhadas de raposinhas. E estas causam depois muitos danos às vinhas, por serem muitas e andarem juntas; e como, por terem pouca força, não se atrevem a atacar o gado miúdo nem as galinhas nem as outras coisas que as raposas adultas caçam e destroem, vão às vinhas, onde é menor a presença de homens e cachorros e elas são menos vistas por causa da espessura das folhas e dos sarmentos; e assim causam muito dano. Por isso a Esposa pede que as apanhem e matem enquanto são ainda pequenas, já que será mais fácil do que depois. E por isso diz: *as raposas*; e, especificando melhor, acrescenta: *as raposas pequenas.*

E veio muito oportunamente esta queixa da Esposa, porque, como dissemos, é nessa ocasião que aqueles que se amam ternamente costumam queixar-se e pedir vingança. E assim são todas as passagens deste Livro, em que não parece haver relação entre umas palavras e as outras; mas, considerando bem o sentido do afeto, vê-se que há uma dependência muito grande e bem-encadeada. Porque, nestes livros em que são tratadas as paixões de amor ou outras semelhantes, os raciocínios ou a ligação entre os mesmos encontram-se no fio condutor dos afetos e não na ordem e lógica das palavras, e é necessário atentar para isso muitas vezes. Isto, se atribuirmos estas palavras à Esposa.

Porque, se as atribuirmos ao Esposo, diremos assim: que ele, tendo dito que as vinhas estavam em flor e, ao dizer isso, recordando-se do mal e dano que nesta época do ano as raposas poderiam causar a elas, dirige-se aos companheiros e encarrega-os, encarecidamente e com cuidado, de caçá-las a tempo e enquanto são pequenas, porque qualquer descuido acarretará a perda da sua vinha junto com as demais. E a Esposa entende que o Esposo, dizendo isto, termina a conversa e vai ocupar-se de sua lavoura e de seu rebanho e, vendo-o ir, roga-lhe que volte logo, dizendo-lhe:

16. *O meu Amado é meu, e eu sou dele, que apascenta entre as açucenas.*

O meu amado é meu, e eu sou dele. É um modo de falar, como se dissesse: "Amante e Amado meu, tu que apascentas teu rebanho entre as violetas, ao cair a tarde vem tu também para junto de mim, voando como um corço".

Diz que ele *apascenta entre as açucenas*, não porque esse pasto seja conveniente, e sim porque é próprio dos enamorados falar dessa maneira, atribuindo estes vocábulos de rosas e flores a tudo o que diz respeito a seus amados, mostrando nisso a graça e a beleza em que, aos seus olhos, a pessoa amada se avantaja sobre todos os outros. Como se dissesse: O gado dos outros pasta erva e espinhos, mas o do meu Amado pasta entre as flores, rosas, violetas e cravinas. A algumas destas palavras não falta obscuridade.

17. *Antes que sopre o dia e fujam as sombras.*

Alguns entendem com estas palavras o período da manhã, e outros o do meio-dia. Contudo, uns e outros se equivocam, porque tanto a verdade das palavras como a finalidade com que são ditas indicam o período da tarde. Pois sempre, ao cair do sol, surge uma brisa fresca e as sombras, que ao meio-dia estavam sem mover-se, ao declinar o sol crescem tão sensivelmente que parecem fugir. Por isso, os Setenta Intérpretes[10] disseram acertadamente neste lugar: *Até que se movam as sombras.* E favorecem esta compreensão a estrutura e o propósito da frase e a intenção da Esposa, que é pedir terna e encarecidamente ao Esposo – já que vai para o campo deixando-a sozinha – que se contente em permanecer no campo até o cair da tarde, porque até essa hora é tempo de apascentar o rebanho, mas que, tão logo chegue a noite, volte para casa para fazer-lhe companhia e dissipar-lhe o temor e a solidão que as trevas trazem consigo, porque ela não poderá passar sem ele. E nisso não haja demora nem tardança alguma.

Sobre os montes de Beter. Beter: ou é nome próprio de um monte que traz este nome, ou é epíteto e nome comum a todos os montes, porque *Beter* quer dizer divisão e, na maioria das vezes, os montes dividem umas terras de outras, de modo que dizer montes de *Beter* é como dizer montes que dividem ou separam. E com estas palavras a Esposa voltou a si e, vendo-se sozinha e dando-se conta do seu engano e de que a noite passava e o Esposo não vinha, faz o que se segue no capítulo seguinte, dizendo:

---

10. Versão grega das Escrituras hebraicas, realizada no século III a.C. por judeus de Alexandria, chamada dos Setenta ou Septuaginta.

Capítulo III

1. (Esposa) *Em meu leito, durante as noites, busquei aquele que minha alma ama; busquei-o e não o encontrei.*

2. *Levantar-me-ei agora e rondarei pela cidade, pelos bairros e pelos espaços abertos, buscarei aquele que minha alma ama. Busquei-o e não o encontrei.*

3. *Encontraram-me as patrulhas que guardam a cidade. (Perguntei-lhes:) Vistes, porventura, aquele que minha alma ama?*

4. *Pouco depois de afastar-me delas (andei) até encontrar o Amado de minha alma. Agarrei-o, e não o largarei até introduzi-lo na casa de minha mãe e no quarto daquela que me pariu.*

5. *Rogo-vos, filhas de Jerusalém, pelas cabras e pelos cervos do campo, que não desperteis e não acordeis o Amor antes que ele o queira.*

6. (Companheiros) *Quem é esta que sobe do deserto como coluna de fumaça, de aromático perfume de mirra e incenso, e de todos os pós-aromáticos do mestre dos aromas?*

7. *Eis o leito do próprio Salomão; sessenta valentes estão ao seu redor, dentre os mais valentes de Israel.*

8. *Todos eles trazem espadas; guerreadores sábios, cada um com a espada sobre a coxa por causa do temor das noites.*

9. *Salomão fez para si uma liteira com as árvores do Líbano.*

10. *Fez-lhe as colunas de prata, o teto de ouro, os braços da cadeira de púrpura e, no meio, adornado com amor pelas filhas de Jerusalém.*

11. *Saí e vede, filhas de Sião, o rei Salomão com a coroa com que o coroou sua mãe no dia dos seus esponsais, e no dia do regozijo de seu coração.*

Exposição

1. *Em meu leito, durante as noites.*

Aqui Salomão relata não o que de fato ocorreu com sua Esposa, porque isso não é coisa que podia ocorrer, mas o que poderia ter acontecido e é natural que aconteça a uma pessoa comum como uma pastora, perdida de amores por seu pastor, cujas palavras, índole e circunstâncias ele está imitando. Pois é um artifício muito utilizado pelos profetas afirmar como fato ocorrido não aquilo que ocorre, mas aquilo que o afeto de que tratam pede que ocorra, criando para isso os personagens que com maior empenho e maior naturalidade o podiam fazer. Entre as mulheres casadas que amam seus esposos é muito comum que a ausência deles de casa durante a noite desperte nelas a má suspeita de que eles não as amem ou de que estejam amando outra mulher. E em algumas esta paixão desperta tanto atrevimento que acabam saindo de casa e, esquecendo o seu acanhamento natural e seu temor, põem-se a perambular de noite e sozinhas, circulando pelas ruas e pelas praças, como se pode constatar, por mais de um exemplo, todos os dias. E a Esposa declara aqui estar possuída por esta paixão arrebatadora, com todas as suas particularidades.

Diz: *Em meu leito, de noite, busquei aquele que minha alma ama. Busquei-o e não o encontrei.* As mulheres apaixonadas desejam o tempo todo ter presente aquele a quem amam, e muito mais durante a noite. Isto acontece em parte porque, com o silêncio e o sossego da noite, os sentidos e os pensamentos ficam mais desocupados para pensar naquilo que amam e, assim, o amor se inflama ainda mais; e em parte também porque, durante a noite, crescem conjuntamente os ciúmes e os receios: os ciúmes, por pensar que ele pode valer-se da noite para alguma travessura; e os receios, por temer que ele esteja correndo algum perigo, dos muitos que a escuridão costuma ocasionar.

Ora, esta mistura de amor, de temor e de ciúmes aguça agora e desperta o cuidado da Esposa, levando-a a preocupar-se com o Esposo e a procurá-lo de um lado e de outro da cama; e, não o encontrando, como o amor vivo não teme perigo nem repara em nenhum inconveniente, levanta-se da cama e sai de casa, percorrendo as ruas, *os bairros e espaços abertos*, ou seja, as praças e lugares públicos da cidade, em busca dele; e não descansa até encontrá-lo e trazê-lo como um preso para casa e encerrá-lo em seu quarto como se fosse um malfeitor. Por isso diz:

2. *Levantar-me-ei agora e buscarei pela cidade; pelos bairros e pelas praças, buscarei aquele que minha alma ama. Busquei-o e não o encontrei.*

Grande força de amor é esta que nem a noite, nem a solidão, nem os atrevimentos dos homens pervertidos que costumam tomar liberdades e ser ousados nestes momentos e lugares puderam impedir a Esposa de buscar aquele a quem desejava. Em sentido espiritual, entende-se aqui o equívoco daqueles que pensam encontrar a Deus descansando e o muito a que deve arriscar-se quem o busca com todas as forças. Diz ela:

3. Encontraram-me os guardas, os guardas que percorrem a cidade. (Perguntei-lhes:) Vistes, porventura, aquele que minha alma ama?

O amor não se espanta nem se enfraquece com nenhum poder humano e aquele que é verdadeiro não procura esconder-se de ninguém, nem utilizar dissimulações para que os outros não o compreendam. E por isso a Esposa, ao ver as patrulhas, pergunta-lhes: *Vistes, porventura, aquele que minha alma ama?* Vemos aqui duas grandes e naturais características do amor: a primeira, como já disse, é que o amor não se acanha diante de ninguém nem se envergonha de tornar pública sua paixão. A segunda é que traz consigo uma graciosa cegueira, que é comum a todo grande afeto: pensar que bastava dizer: *vistes aquele que eu amo?*, e todos entenderiam, como ela mesma entendia, quem era aquele por quem perguntava.

Ela não nos diz o que os guardas lhe responderam, donde se conclui que não obteve resposta satisfatória à sua pergunta, porque as pessoas, distraídas com outros cuidados e pensamentos, como são as pessoas públicas, pouco sabem a respeito do que é amar de verdade; e porque, segundo a verdade espiritual que aqui se tem em vista, toda a sagacidade e grandeza do saber e da prudência humana, sob cuja guarda e governo vivem os seres humanos, jamais conseguiram compreender certas novidades de Cristo, como nos atesta São Paulo (1Cor 2,6-8): *Com os perfeitos tratamos de sabedoria..., que nenhum príncipe deste mundo jamais conheceu.*

4. Pouco depois de afastar-me deles (andei) até que encontrei o Amado de minha alma. Agarrei-o, e não o largarei até introduzi-lo na casa de minha mãe e no quarto daquela que me pariu.

O amor não perde a esperança, embora não tenha notícias daquele que ele busca e deseja; ao contrário, se inflama ainda mais. Por isso, a Esposa andou e encontrou por si mesma o que as outras pessoas não souberam mostrar-lhe. Porque é sempre assim: só o amor encontra o amor, o entende e o merece.

A Esposa diz que o encontrou pouco depois de pôr-se a andar, após afastar-se das sentinelas da cidade, o que, segundo o sentido espiritual, é algo digno de grande consideração: antes o havia procurado muito e não o encontrou e, ao afastar-se dos guardas e da cidade, logo o encontrou. Podemos interpretar isto de dois modos: que, nos casos mais desesperados e quando todo o saber e engenho humanos se confessam impotentes, Deus está mais pronto e preparado para nos favorecer, como afirma o rei Davi (Sl 34,19): *O Senhor está perto dos que têm o coração aflito.* E juntamente com isso se vê o motivo por que muitos buscam a Cristo longamente por muitos dias e, apesar do grande afã, não o encontram, enquanto outros o encontram mais rapidamente: é porque o buscam não onde Ele está e quer ser encontrado, mas onde eles gostariam de encontrá-lo, servindo-o naquelas coisas de que mais gostam e que mais lhes agradam, por serem mais conformes com suas inclinações e conceitos particulares.

Agarrei-o, e não o largarei até introduzi-lo na casa de minha mãe e no quarto daquela que me gerou. Aquele que, chegando ao fim de seu desejo e alcançando a vontade daquele a quem ama, se torna tíbio e desanima, não possui o perfeito amor, pois o bom e verdadeiro amor cresce a partir dali até alcançar o seu mais alto e perfeito grau. E isto se manifesta na *casa* da Esposa e no *quarto* onde ela se recolhe, isto é, no repouso e perfeita posse que o perfeito e inflamado amor traz consigo. Chama sua casa não de casa sua, mas casa de sua mãe, e *quarto* daquela que a pariu, imitando nisso a maneira comum de falar das donzelas, que se usa também em nossa língua, como se vê em diversas cantigas de amor.

5. *Conjuro-vos, filhas de Jerusalém, pelas cabras e pelos cervos do campo, que não desperteis e não acordeis o amor antes que ele o queira.*

A Esposa utiliza aqui palavras semelhantes às que o Esposo proferiu anteriormente ao falar dela. Entendemos daqui que era noite e que, depois de tê-lo procurado por longo tempo, ela o trazia para repousar em sua casa e, por isso, roga às pessoas ligadas a ela que não lhe interrompam o sono.

6. *Quem é esta que sobe do deserto, como colunas de fumaça de aromático perfume de mirra e incenso, e de todos os pós-aromáticos do mestre dos aromas?*

Daqui até o fim do capítulo falam os companheiros do Esposo, festejando com vozes de admiração e de elogio os recém-casados. Expressam a alegria dos cidadãos de Jerusalém e as palavras condizentes que puderam pronunciar quando a filha do Faraó entrou pela primeira vez na cidade e se casou com Salomão. Portanto, esta passagem não tem muita relação com o que foi dito nos versos anteriores; antes, parece que neste momento Salomão, rompendo o fio da narrativa, põe-se a relatar coisas diferentes daquelas já passadas, que costumam dar muita graciosidade aos escritos semelhantes a este. Ou então podemos dizer que tudo aquilo que foi dito até aqui pelo Espírito Santo corresponde ao tempo transcorrido entre as tratativas até à celebração das bodas dos reis; tempo em que, como sói acontecer, é de se acreditar que tenha havido muitos pedidos e respostas de uma parte e de outra, muitos desejos, muitos afetos e novos sentimentos, os quais foram expostos até aqui através das figuras e circunlóquios que já vimos.

Pois diz: *Quem é esta que sobe do deserto?* Isto, ou porque havia desertos muito extensos entre o Egito, de onde vem a Esposa, e a Judeia; ou porque se finge, como está dito, que encontrou o seu Esposo no campo e dali vêm juntos, porque, como diremos adiante, o campo é muitas vezes chamado de deserto.

Como colunas de fumaça: é coisa sabida, tanto através da Sagrada Escritura como por autores profanos, que as pessoas da Palestina e das províncias limítrofes, por causa da qualidade da terra, utilizam-se muito de bons e preciosos perfumes. Por isso, comparam a Esposa a colunas de fumaça, chamando a fumaça desta maneira por causa da semelhança que ela possui com as colunas, quando, de algum perfume ou de outra coisa que se queima, ela sobe diretamente para o alto. Com esta comparação a Esposa não é elogiada tanto pelas boas proporções e graciosidade do corpo – isso será feito copiosamente mais adiante – quanto pela fragrância e excelência do aroma que ela exala, equiparado ao aroma do melhor e mais precioso perfume. E por isso se diz: *Como colunas de fumaça de aromático perfume de mirra e incenso, e de todos os demais pós-aromáticos do mestre dos aromas.*

7. *Eis o seu leito, o de Salomão; sessenta valentes estão ao seu redor, dentre os mais valentes de Israel.*

8. *Todos eles com a espada na mão, treinados para a guerra; cada um com a espada sobre a coxa por causa do temor das noites.*

Deixam de falar da Esposa e passam a elogiar o palácio, os adornos de cama e dosséis de Salomão. É uma desordem que produz muita graciosidade em semelhantes poesias, porque corresponde à verdade do que acontece com quem observa semelhantes festas, os quais passam os olhos de umas coisas para outras bem diversas, sem nenhuma ordem e harmonia. E, assim como o gosto e sabor de olhar lhes desconcerta os olhos, assim também o alvoroço do coração alegre, quando expressa por palavras seu regozijo, traz à boca mil coisas diferentes, sem nenhuma ordem.

Pois diz: *Eis o leito de Salomão*, ou seja, riquíssimo e formosíssimo; e, como demonstração de grandeza e para maior segurança dos que nele descansam, velam junto a ele muitas pessoas empunhando armas, como é costume entre os reis. E por isso diz: *Sessenta poderosos estão ao seu redor; todos eles trazem espadas e são guerreadores sábios*, ou seja, conhecem a guerra, o que significa que são escolhidos por sua força e providos de armas, nas quais são destros para se defender.

Cada um com a espada de sobre a coxa, que é o lugar próprio da espada, *por causa do temor das noites*, isto é, por causa dos perigos que costumam sobrevir nesse espaço de tempo e que são temidos. Isto para que se compreenda o grande cuidado com que Deus zela para que ninguém interrompa o repouso dos que nele descansam.

9. *Salomão fez para si uma liteira com as árvores do Líbano.*

10. *As colunas são de prata; o teto é de ouro coberto de púrpura, e todo ele coberto de amor pelas filhas de Jerusalém.*

Do leito passam a descrever o trono real ou algum outro edifício dentre os numerosos e muito ricos que, segundo parece, Salomão edificou durante sua vida. E o dizem com palavras de regozijo e admiração. Como que dizendo: e o que dizer do trono que ele construiu para si, no qual a beleza compete com a riqueza, já que todo ele é feito de prata, ouro e púrpura, de feitio e lavor excepcionais?

Onde se diz: *e no meio coberto de amor*, a palavra hebraica é *ratzuf*, que também significa *inflamado*. Isto equivale a dizer que todo ele, com sua beleza e rique-za, inflamava de amor e cobiçosa afeição as filhas de Jerusalém, que, olhando tão rica e maravilhosa obra, acabavam por cobiçá-la.

Contudo, melhor me parece entender o texto como referente a Salomão e traduzi-lo assim: *E no meio dele assentou-se o amor das filhas de Jerusalém.* O que possui um sentido muito gracioso e nobre, porque, depois de ter mostrado a estrutura do seu trono feito com ricos materiais e graciosa estrutura (porque a prata bem-tra-balhada realça o ouro, e as vigas do teto estão cobertas de púrpura, de modo que o brilho destes três precio-sos materiais – ouro, prata e púrpura – produz uma bela mistura, que proporciona aos olhos uma agradável visão), afirma logo em seguida que Salomão fez este trono tão formoso para si e nele entrou e está ali infla-mado de amor por uma das filhas de Jerusalém, que era sua Esposa, a qual, embora fosse de outra nação, já estava domiciliada em Jerusalém e tornara-se cidadã por ter-se casado com o rei dessa cidade. Porém, toda essa obra e sua beleza eram inferiores quando comparadas com a beleza que o rei mostrava em suas vestimentas e adornos. E por isso se diz:

11. *Saí, filhas de Sião, e vede o rei Salomão com a coroa com que o coroou sua mãe no dia dos seus espon-sais, e no dia do regozijo de seu coração.*

Coroa significa na Sagrada Escritura *reino e coman-do*, por ser ela insígnia dos reis. Diz que ela foi dada por sua mãe, porque, como está escrito no Primeiro Li-vro dos Reis (1,11ss.), Betsabeia, mãe de Salomão, por seu tino e habilidade, conseguiu que Davi, entre tantos filhos que teve, indicasse Salomão como sucessor em todos os seus reinos e domínios.

Ou então *coroa* significa (e isto não me parece me-nos correto) todo gênero de adornos e trajes elegantes e de boa aparência que embelezam aquele que os traz, como o faz a grinalda na cabeça. O próprio Salomão nos Provérbios (1,4-9), admoestando o rapaz boçal a que dê atenção e fé às suas palavras, lhe diz que o fazer isso lhe será uma coroa de graças, ou seja, formosa e graciosa para sua cabeça; isto é, lhe convirá tão bem à alma como qualquer outro belo traje convém ao corpo, por mais elegante e lindo que fosse. Pois é coisa sabida que o dia das bodas é o dia dos trajes, joias e demais artigos de luxo e pompa. E dizer que foi sua mãe quem deu a coroa é falar conforme a maneira comum e de acordo com o que na maioria das vezes acontece: que, nesses dias, as mães vestem seus filhos e tomam grande cuidado para que fiquem bem-arrumados e elegantes.

Capítulo IV

1. (Esposo) *Oh, como és bela, Amada minha! Oh, como és bela! Teus olhos de pomba entre os teus cabelos; teu cabelo é como um rebanho de cabras que olham do monte Galaad.*

2. *Teus dentes são como um rebanho de ovelhas tosquiadas, recém-saídas do banho, que parem todas de dois em dois, e nenhuma delas está vazia.*

3. *Como um fio de carmesim são teus lábios e o teu falar é primoroso; como a metade de uma romã são tuas têmporas entre as tuas madeixas.*

4. *O teu pescoço é como a torre de Davi, construída nas colinas; mil escudos pendem dela, todos eles escudos de poderosos.*

5. *Teus dois seios são como dois cabritos gêmeos, que pastam entre violetas.*

6. *Antes que sopre o dia e fujam as sombras, vou ao monte da mirra e à colina do incenso.*

7. *És toda bela, Amada minha, e em ti não há defeito.*

8. *Virás comigo do Líbano, Esposa, virás comigo do Líbano; observarás do cume do Amaná, do cume do Sanir e do Hermon, das covas dos leões e dos montes das onças.*

9. *Roubaste meu coração, minha irmã, Esposa; roubaste meu coração com um só de teus olhos, com um só colar do teu pescoço.*

10. *Como são lindos os teus amores, minha irmã, Esposa; como são bons os teus amores, mais que o vinho. E a fragrância dos teus aromas é melhor que todas as coisas aromáticas.*

11. *Teus lábios destilam favos de mel, Esposa; mel e leite estão em tua língua, e o aroma dos teus adornos é como o aroma do Líbano.*

12. *És um horto cercado, minha irmã, Esposa; horto cercado, fonte selada.*

13. *As tuas plantas (são) como um jardim de romãzeiras, com frutos excelentes; junça-de-cheiro e nardo.*

14. *Nardo e açafrão, canela e cinamomo, com as demais árvores do incenso; mirra, aloés, com todos os principais aromas.*

15. *Fonte de hortos, poços de águas vivas, que manam do monte Líbano.*

16. *Sus! Voa, vento norte, e vem tu, vento sudoeste, e refresca o meu horto; seus aromas se espalhem.*

Exposição

1. *Oh, como és bela, Amada minha! Oh, como és bela! Teus olhos de pomba entre teus cabelos; teu cabelo é como um rebanho de cabras que olham do monte Galaad.*

Este capítulo não tem nenhuma relação com o que foi dito acima, porque todo ele é um elogio cheio de galanteios e graciosidade que o Esposo faz à sua Esposa, especificando todas as suas feições e exaltando a beleza de cada uma delas por meio de diversas comparações. Estas comparações são muito difíceis de entender, não tanto por terem sido, na maioria, tiradas de coisas do campo – e nisto condizem com a personagem de pastor que está falando – quanto por serem maravilhosamente distantes e estranhas ao nosso estilo e uso comum, e algumas delas, ao que parece, contrárias a tudo aquilo que querem expressar. Ou pode ser que, como já dissemos, naquele tempo e naquela língua estas comparações eram de grande primor; com efeito, em cada tempo e em cada língua, vemos aceitas e usadas como boas mil coisas que, em outros tempos ou expressas em outras línguas, não foram consideradas assim. Ou então, o que considero mais acertado, podemos dizer que, como todo este canto é espiritual e as belas partes do corpo da Esposa nele elogiadas representam várias e diferentes virtudes que há nos homens justos, explicadas através de nomes de membros e partes do corpo, esta comparação, embora destoe aparentemente daquilo a que se propõe, condiz e quadra muito bem com a beleza do aspecto da alma que se quer expressar através daquelas palavras.

Pois toda a canção deste capítulo é um cântico que o bondoso pastor enamorado entoa à porta de sua pastora, à semelhança daqueles que costumam cantar alvoradas à porta daquelas a quem querem bem. Assim, ele inicia regozijando-se com a satisfação que lhe proporciona o amor e a boa aparência de sua Esposa e maravilhando-se com sua beleza sobre-humana e dizendo e repetindo, para demonstrar e confirmar mais enfaticamente aquilo que ele sente: *Oh, como és bela, Amada minha! Oh, como és bela!* E para não recair nenhuma suspeita de que a paixão o cega, não se satisfaz em dizê-lo assim genericamente, e por isso desce às particularidades, começando pelos olhos que, como dizem os sábios, é onde mais se expõe e se mostra a beleza ou torpeza da alma interior, e por onde mais se comunica e se inflama a afeição entre duas pessoas.

Teus olhos, diz ele, *são como de pomba*. Já dissemos o quanto as pombas daquelas terras se avantajam em relação às nossas, principalmente no que se refere aos olhos, que, como se vê nas chamadas tripolinas, parecem cintilar e arder em fogo vivo e emitir sensivelmente como que raios de resplendor. E dizer que são assim os olhos da Esposa é dizer-lhe aquilo que os enamorados costumam dizer à mulher amada: que elas têm chamas nos olhos e que, com seu olhar, lhes abrasam o coração.

Entre os teus cabelos: na tradução e comentário desta expressão existe alguma diferença entre os intérpretes. A palavra hebraica é *tzamathec*, que quer dizer cabelos ou cabeleira, e é propriamente a parte dos cabelos que cai sobre a testa e os olhos – que algumas mulheres costumam usar postiços, e que nós chamamos de *franjas*. São Jerônimo, não sei por qual motivo, interpreta isso como beleza encoberta e traduz assim: *Teus olhos de pomba, além do que está encoberto*. Nisto ele não só discrepa do entendimento comum dos mais doutos nessa língua, como também se contradiz de alguma forma, já que no capítulo 47 de Isaías (47,2), onde se encontra a mesma palavra hebraica, ele a entende como *torpeza* e *fealdade* e a traduz dessa maneira.

Seja como for, o que eu disse é o mais correto e ajuda a expressar com mais graciosidade a boa aparência dos olhos da Esposa, que, mostrando-se entre seus cabelos (alguns dos quais, por estarem desalinhados, às vezes os encobriam) com seu tremor e movimento, pareciam cintilar como duas estrelas. E já que, como se diz, os olhos são belos, matadores e aleivosos, diz graciosamente o Esposo que, por entre os cabelos, como se estivessem postos de emboscada, os olhos o feriam com mais força e, para seu maior prazer, tornavam mais certeiros e seguros os seus golpes.

E diz mais: *teu cabelo é como uma manada de cabras que se levantam do monte Galaad*. São Paulo confessa (1Cor 11,15) que nas mulheres o cabelo é uma coisa muito decente e bela e, sem dúvida, constitui grande parte daquilo que o mundo chama de formosura. Por isso, logo depois de elogiar os olhos, a primeira coisa que Esposo menciona é o cabelo, que, quando é longo, volumoso e louro, constitui um laço e uma rede que apanha os que se deleitam com estas coisas. O que causa admiração aqui é a comparação, que aparentemente é grosseira e bem distante daquilo a que se propõe. Seria acertada se dissesse que os cabelos eram como fios de ouro, ou que competiam com os raios do sol em abundância e cor, como costumam dizer os nossos poetas. Quanto a isso, digo que, pensando bem, esta comparação não deixa de ser muito graciosa e apropriada, levando em consideração a pessoa que fala e o que se quer especialmente elogiar nos cabelos da Esposa. Quem fala é um pastor e, para falar como pastor, nada mais apropriado do que dizer, a respeito dos cabelos da amada, que eram como um grande rebanho de cabras, no cume de um monte alto. Mostra, com isto, o volume e a cor deles, que eram escuros ou castanhos (como diremos posteriormente, essa cor era considerada a mais bela para os cabelos naquela terra) e, além disso, reluzentes como as cabras que pastam naquele monte principalmente. Sabe-se que o monte Galaad está localizado na parte ocidental do rio Jordão e tem esse nome a partir do acerto que houve entre Jacó e seu sogro Labão, como se relata no Livro da Criação (Gn 31,11ss.), e é um monte com muitas árvores frondosas, como o Líbano, e com belos pastos, como dão a entender Jeremias (8,22), Amós (1,13) e Zacarias (10,10). E, além disso, nele crescem muitas outras árvores viçosas e belas plantas.

E ao pastar por esse monte, as cabras, sendo animais ágeis, sobem nas árvores e embrenham-se pelas matas e, com isso, os pelos velhos e já pouco aderentes ao corpo necessariamente se soltam e ficam somente os novos e mais firmes. E estes ficam bem limpos, alinhados e reluzentes, porque ficam besuntados com a resina que escorre das árvores e são como que tratados e embelezados por ela, que costuma deixar reluzentes os pelos e cabelos. E assim o Esposo diz que os cabelos da Esposa são tão graciosos, brilhantes e arrumados como costumam ser os pelos das cabras que andam pelas matas cerradas de Galaad, porque ali os pelos são como que aparados e penteados e aparecem muito belos. É isto que quer dizer a palavra hebraica: onde em nossa tradução dizemos *se levantam*, o hebraico diz *se penteiam* ou arrancam os pelos velhos. De modo que, quanto aos olhos e ao cabelo, a Esposa fica devidamente elogiada em sua formosura.

Semelhante é a comparação seguinte.

2. *Teus dentes são como um rebanho de ovelhas tosquiadas, que saem do banho; todas parem de dois em dois, e nenhuma delas está vazia.*

Esta comparação, além de ser pastoril, e por isso mesmo condizente com a pessoa que a faz, é elegante, significativa e apropriada para o fim a que se propõe. A perfeição e a graciosidade dos dentes estão em que sejam devidamente pequenos, brancos, iguais e estejam bem juntos. Tudo isto nos é colocado diante dos olhos nesta comparação: a brancura, ao dizer que as ovelhas acabam de sair do banho, pois os pastores banham regularmente suas ovelhas a fim de deixar-lhes bem branca a lã que novamente criam; a igualdade, ao dizer que não há nenhuma ovelha doente nem estéril entre elas; e o estarem juntos e serem pequenos, ao dizer que são um pequeno rebanho de ovelhas, que andam sempre juntas e aglomeradas. Porque, como se sabe, as ovelhas na manada andam tão próximas umas das outras que, aos olhos de quem as vê de longe, parecem formar uma só coisa branca, como se fosse um lençol estendido, pois não se vê entre elas mais espaço do que aquele que existe entre as pernas de uma e as da outra. Como as pernas são finas e os corpos largos, tocam-se em cima com os lados do corpo e embaixo as pernas ficam separadas, e assim cria-se uma sombra mais escura. Mas, quando estão prenhas e cada uma pariu dois filhotes, como aqui se diz, os cordeirinhos vão enfiados entre elas, porque cada uma traz seus dois filhotes um de cada lado, preenchendo aquele vazio que as pernas deixavam; e por isso a vista de quem olha não consegue penetrar nem reconhecer que uma está separada da outra, mas tudo, tanto embaixo quanto em cima, parece um único corpo branco e belo, como a experiência demonstra.

Pois afirma o pastor nesta passagem que os dentes de sua Esposa não são nem mais nem menos, e sim tão parelhos e tão juntos uns dos outros como as ovelhas quando andam em sua manada. E diz que estão tão juntos na parte de baixo onde brotam das gengivas, onde algumas pessoas costumam tê-los separados, como o estão nas pontas: tão iguais e parelhos como as ovelhas que vêm cada qual com seus dois cordeirinhos, *e não há nenhuma vazia entre elas.*

Poderia tê-los comparado a um cordão de pérolas ou a outra coisa preciosa e bela, como fazem outros enamorados; mas a comparação dos dentes com as ovelhas foi muito mais condizente com a condição de pastor e expressou a beleza e igualdade dos dentes de maneira mais cabal do que qualquer outra comparação o poderia fazer.

Dos dentes passa para os lábios, que, para serem considerados belos, precisam ser delgados e ter uma coloração viva de sangue. Essas duas características ele as explicitou maravilhosamente, dizendo:

3. *Como o fio de carmesim são teus lábios*; e logo acrescenta: *e o teu falar é primoroso*.

Esta última qualidade condiz muito naturalmente com os lábios delgados, como se uma coisa derivasse da outra. Porque, como diz Aristóteles ao falar das regras para conhecer as qualidades de um homem a partir de suas feições, os lábios delgados são sinal de homens discretos e educados no falar e cuja conversação é agradável e graciosa.

Como parte de uma romã são tuas têmporas entre os teus cabelos.

Compara as têmporas, que numa mulher bela costumam ser muito belas, a uma parte de romã, ou, melhor dizendo, a uma romã partida, por causa da cor de seus grãos, que é uma mescla de um branco e de um rosado ou encarnado bem sutil, como é a cor que se vê nas têmporas delicadas e belas, porque, devido à sutileza da carne e da pele nessa parte do rosto e às veias que por isso ali aparecem mais do que em qualquer outra parte, o branco se tinge com uma cor viva e delicada, que enche de contentamento os que a olham.

As *têmporas* em hebraico se chamam *rakah* que quer dizer enxutas e delicadas, porque o são mais que em qualquer outra parte do corpo. Alguns traduzem a palavra não por *têmporas*, mas por *bochechas*, que são aquelas duas graciosas saliências que sobressaem em cada lado do rosto; por isso, a formosura e a elegância pedem que o rosto branco seja pintado com alguma cor suave, como aquela que aparece numa romã descascada; e isso não me parece equivocado. Diz-se *entre os teus cabelos*, porque as têmporas, ou, se preferirmos, as bochechas, se mostram e se deixam ver por entre alguns cachos de cabelo que sempre descem desobedientes sobre o rosto.

4. *O teu pescoço é como a torre de Davi, construída nas colinas; mil escudos pendem dela, todos escudos de valentes.*

A beleza corporal consiste em duas coisas: na boa e graciosa proporção das feições e no porte elegante do corpo. O Esposo falou da beleza das feições e do rosto da Esposa. Agora passa a falar do belo porte de seu corpo, que é alto e bem-formado, aprumado e elegante; e, embora aqui se mencione apenas o pescoço da Esposa, por ele se entende toda sua estatura alta e graciosa. Pois compara o pescoço ou estatura da Esposa à torre que Davi edificou no monte Sião e bem no cume dele, de modo que de um lado e de outro da torre desciam as vertentes do monte. Com isto o Esposo mostra que o pescoço da Esposa é longo, reto e elegante, e é nisto que consiste a sua beleza.

Existe, porém, uma grande diferença de interpretações na expressão *situada no outeiro ou colina*, porque a palavra hebraica *talpioth* é entendida de diversas maneiras por diversos autores. Alguns dizem que é colina ou lugar alto; outros dizem que é coisa que ensina o caminho aos que passam; e outros dizem que é o mesmo que cerca ou construção resistente e alta, ou barbacã, e tudo aquilo com que se fortifica alguma casa ou edificação resistente. Certo é que se encontra com este significado no Livro de Josué (11,13), onde se diz que Josué deixou de pé e não arrasou as cidades que havia conquistado através das armas, todas aquelas que estavam bem-aparelhadas, cercadas e fortificadas, o que é expresso pela mencionada palavra *talpioth*.

O que me parece mais acertado nesta passagem, para abarcar todas essas diferenças mencionadas, é traduzir da seguinte maneira: *Teu pescoço é como a torre de Davi construída como atalaia*, que quer dizer casa construída num lugar alto e fortificado e que serve para avistar os inimigos quando se aproximam e para mostrar o caminho aos que passam; e, por causa da função a que serve e do lugar que ocupa, deve necessariamente ser uma casa forte e resistente. E não se faz a comparação com uma torre construída em lugar plano, mas sim com a que está construída como atalaia e em lugar alto, porque é assim que está o pescoço sobre os ombros.

Mil escudos pendem dela. Pode tratar-se de escudos e armas verdadeiros, colocados nas ameias ao redor, para uso e defesa da torre, ou de escudos entalhados de pedra ou de qualquer outro material para ornamento da torre. De uma maneira ou de outra, o sentido pode ser o mesmo.

Todos escudos de valentes: ou seja, do pessoal armado que está ali de guarnição. E, quanto aos escudos, é preciso dizer que não se faz comparação com o pescoço ou alguma parte dele, mas, como se fez referência à torre, mencionam-se algumas características dela, ainda que não condigam muito com o propósito principal. Trata-se de uma digressão muito comum e graciosa entre os poetas. Ou então poderíamos dizer que os escudos pendentes da torre correspondem às correntes e colares que enfeitam o pescoço da Esposa, assim como os escudos embelezam a torre. Como se, formando uma única sentença, dissesse: Esposa, com o adorno de teus colares, teu pescoço é tão belo, tão aprumado e tão imponente como a torre de Davi com seus escudos e aldravas que tanto a adornam e embelezam; assim teu pescoço está assentado sobre teu corpo elegante e bem-proporcionado, e com tanta graça caem suavemente teus ombros de um lado e do outro como a torre que, conforme eu disse, está assentada sobre o monte.

Tendo falado do pescoço, passa para os seios e diz:

5. *Teus dois seios são como dois cabritos gêmeos que estão pastando entre as açucenas.*

Não se pode dizer coisa mais bela nem mais a propósito do que comparar os lindos seios da Esposa a dois cabritos gêmeos, que, além da ternura que possuem por serem cabritos e da igualdade por serem gêmeos, e além de serem coisa maravilhosa e aprazível, cheia de regozijo e alegria, têm um não sei quê de travessura e donaire com que roubam e arrastam atrás de si os olhos dos que os observam, despertando-lhes o desejo de se aproximar deles e de tomá-los entre as mãos. Todas essas são coisas bem convenientes e se encontram assim nos belos seios a que os cabritos são comparados. Diz-se *que pastam entre as açucenas*, porque, sendo eles lindos por si mesmos, quanto mais não o são em meio a essas flores; e assim fica ainda mais valorizada e mais elogiada a beleza da Esposa nesta passagem.

6. *Antes que sopre o dia e fujam as sombras, vou ao monte da mirra e à colina do incenso.*

Soprar o dia e fugirem as sombras: já disse que se trata de um circunlóquio para designar a tarde. Pois agora o Esposo diz que irá tirar uma sesta e passar o resto do dia até ao cair da tarde entre as árvores da mirra e do incenso, que deve ser alguma colina onde se cultivavam esses tipos de plantas, muito numerosas naquela região. E o fato de dizer-lhe isto neste momento, depois de tantos e tão singulares elogios como os que lhe fizera, é como que convidá-la veladamente a ir com ele. Mas logo retorna o desejo e ele volta a elogiar as perfeições de sua Esposa – o que são variações típicas do amor – e diz como que numa só palavra o que antes havia dito por meio de tantas e de maneira tão especial.

7. *És toda bela, Amada minha, e em ti não há defeito.*

Porque, ainda que não o diga com palavras, já que as palavras dos muito apaixonados são sempre curtas, ele o diz com o afeto, como se dissesse: Mas como me afastarei de ti, Amada minha, ou como viverei por um instante sequer longe de tua presença, tu que és a própria beleza e que convidas e forças os que te veem a se perderem por ti? Portanto, diz ele, vamo-nos juntos e, se é muito atrevimento e se é demais pedir-te isto, desculpa-me tu, beleza extremada e jamais vista, que basta para levar os homens a perderem a cabeça.

E diz mais: que poderemos voltar juntos passando por muitos montes, pelo monte Líbano e pelo monte do Amaná, pelos campos e encostas do Sanir e do Hermon, montes belos, onde verás coisas que trarão grande contentamento e recreação para ti; o que significa interessá-la mais por seu pedido com as belas qualidades do lugar, dizendo:

8. *Virás comigo do Líbano, Esposa, virás comigo do Líbano; observarás do cume do Amaná, das vertentes do Sanir e do Hermon, das moradas dos leões e dos montes dos leopardos.*

Líbano aqui não é o monte que traz este nome, de onde foi trazida a madeira para o templo e a casa que Salomão edificou, de que se faz menção nos livros dos Reis (1Rs 7,2.10.17.21), já que esse monte não estava situado na Judeia, mas sim o que nesses mesmos livros é denominado *saltus Libani*, o *bosque do Líbano*, que era chamado assim pelos reis de Jerusalém, devido a alguma semelhança que possuía, por suas árvores ou por alguma outra coisa, com aquele monte. Pois este *bosque*, com os demais mencionados, são montes vizinhos uns dos outros e todos eles próximos de Jerusalém.

9. *Roubaste meu coração, minha irmã, Esposa; roubaste meu coração com um só dos teus olhos, com um só colar do teu pescoço.*

A pessoa na qual reina o amor não consegue dissimulá-lo; logo este a transforma num pregoeiro de sua paixão. E ainda que todos os outros afetos e paixões do coração possam ser encobertos, este fogo vivo, por mais cuidado e diligência que se ponha, não consegue evitar que se descubra onde está, não consegue deixar de fumegar, de crepitar e de levantar chama, o que costuma ser o início de grandes afãs nos amantes. Porque muitas vezes acontece a alguém amar um coração rústico ou altivo, que aparentemente também o ama, e se esforça para suportar o que for necessário, antes de saber inteiramente que é amado; mas depois que o outro descobre o grande alvoroço de seus pensamentos, que por sua causa lhe fazem guerra, vendo que o tem sujeitado, se ensoberbece e se insurge por sua vez e não lhe mostra o mesmo amor como antes. Coisa indigna de corações nobres, e tanto mais se deve ter compaixão daquele que assim padece por ter mostrado suas entranhas quanto menos estava em seu poder deixar de mostrá-las.

Pois neste momento o Esposo já não consegue mais encobrir seu sofrimento e começa ternamente a mostrar as feridas que o cruel amor abriu em seu coração, dizendo: "Oh, minha Esposa, oh, formosa minha; roubaste meu coração e o feriste; tu o feriste e despedaçaste com um só dos teus olhos e com um só colar do teu pescoço!", como se dissesse: com uma só olhada, com um só olhar que me lançaste, e com uma só vez que eu te vi ataviada e elegante. Dando a entender quão subitamente o amor se apoderou dele e argumentando veladamente em suas palavras, como se dissesse: "Se apenas um olhar teu e um colar dos que costumas colocar quando te arrumas bastaram para que eu me rendesse ao teu amor, quanto mais fortes serão para me prender todos os teus olhares, tuas falas, teus sorrisos e toda tua beleza junta!" E o fato de o Esposo dizer-lhe isto agora e abrir-lhe o coração nestas circunstâncias tem também o propósito de persuadi-la, como acima, a ir com ele, por causa do amor que tem por ela e porque lhe é impossível fazer outra coisa, como alguém que está preso e acorrentado em seus amores. Porque é como se dissesse: "Por eu ser mais teu do que meu, não é justo que desdenhes minha companhia; e se o campo e seus atrativos, para onde te convido, não bastam para persuadir-te a vir comigo, sabe que eu não posso me separar de ti por um só momento, da mesma forma que não posso separar-me de minha própria alma; e tu a tens em teu poder, porque com os olhos me roubaste o coração e com a menor das correntes com que adornas teu pescoço me trazes preso". E, a partir daqui, volta a relatar, com elogios e novas comparações, as graças e a beleza da Esposa, porque a finalidade, como já disse, é mostrar que ele não consegue viver sem ela e com isso obrigá-la a segui-lo.

Ou então podemos imaginar e dizer que ela já saiu e se foi com ele; e assim juntos e a sós, e colhendo o fruto de seus amores, o Esposo, como é natural, inflamado por um novo e ardente amor, cheio de uma alegria incrível, passa a falar com maior e mais intensa paixão, com nova doçura e com novo deleite. É o que experimentam cada dia as almas apaixonadas por Deus: quando, em segredo e de maneira imperceptível, Deus lhes comunica os prazeres de sua graça, derretidas de amor, elas se encantam com Ele e entregam-se totalmente, com milhares de palavras afetuosas e melífluas.

E isto condiz bem com o que segue:

10. *Como são lindos os teus amores, minha irmã, Esposa; como são bons os teus amores, mais que o vinho! A fragrância dos teus aromas é melhor que todas as coisas aromáticas.*

11. *Teus lábios destilam favos de mel, Esposa; mel e leite estão em tua língua, e o aroma dos teus adornos é como o aroma do Líbano.*

Que é como se, junto a ela e enternecendo-se em seu amor, dissesse: "Oh, minha irmã, amável e querida Esposa! Amar-te me deixa mais alegre do que o vinho costuma deixar aqueles que o bebem com gosto. Teus unguentos e óleos, como o almíscar e os outros aromas que trazes contigo, superam todos os outros do mundo; em ti e por serem teus, têm um aroma particular e avantajado. Tuas palavras são melífluas e tua língua parece banhada de mel e leite, e tudo que sai de teus lábios não é senão doçura, graça e suavidade. Até tuas vestes, além de te caírem bem e adornarem maravilhosamente tua nobre pessoa, exalam um perfume tão bom e tão intenso que te fazem parecer o belo monte Líbano, onde há muito frescor, tanto nas verdes e floridas plantas como nas suaves fragrâncias que se misturam no ar". Porque naquele bosque, como dissemos, havia plantas de intenso e excelente aroma. Quanto ao resto, está tudo exposto em passagens anteriores.

O rústico e gracioso Esposo prossegue seu galanteio e, mesmo sendo um pastor, mostra muito bem a eloquência que aprendeu nas escolas do amor. E assim, através de uma comparação e outra, elogia a extrema beleza de sua Esposa, e agora expressa assim, globalmente, toda a sua graça, frescor e perfeição, o que ele fizera antes particularizando cada coisa por si. Porque diz que toda ela é como um jardim fechado e protegido, cheio de mil variedades de viçosas e graciosas plantas e ervas, em parte aromáticas e em parte saborosas, aprazíveis à vista e aos demais sentidos; que é a coisa mais perfeita e significativa que se podia dizer neste caso, para expressar totalmente o extremo de sua formosura cheia de frescor e de graça.

E logo acrescenta outra comparação, dizendo que ela é tão agradável e linda como é e parece ser uma fonte de água pura e serena, rodeada de belas ervas e guardada com todo cuidado, para que nem os animais nem qualquer outra coisa a turvem. Ele põe estas duas comparações no início e à guisa de resumo e depois expõe cada uma por si mais extensamente, dizendo:

12. *És um horto cercado, minha irmã, Esposa; horto cercado, fonte selada.*

13. *As tuas plantas são como um jardim de romãzeiras, com frutos muito doces; junça-de-cheiro e nardo.*

14. *Nardo e açafrão, canela e cinamomo, com as demais árvores aromáticas; mirra, linaloés, com todos os principais aromas.*

15. *Fonte de hortos, poço de águas vivas, que nascem do monte Líbano.*

Horto cercado, isto é, protegido dos animais, para que não o danifiquem, e tratado com meticuloso cuidado, pois onde não existe cerca não é possível cultivar um jardim. Da mesma forma, a uma alma que vive sem temor, sem recato e sem vigilância, não se pode pedir nenhuma planta nem raiz de virtude.

Minha irmã, Esposa, subentende-se: és tu *horto cercado*. Repete-o pela segunda vez para realçar mais o significado do que diz. *E fonte selada*, isto é, cercada com diligência para que ninguém turve sua limpidez.

Tuas plantas, ou seja: as belezas e graças inumeráveis que existem, Amada minha, neste horto que tu és, são como um jardim de romãzeiras com frutas de doçuras, ou seja, doces e saborosas como são as romãs. E onde também existem *cipro e nardo* com as outras árvores aromáticas. E menciona um grande número delas, de modo que vem a ser um jardim muito agradável o que ele pinta. E diz que é assim sua Esposa e que tal é sua beleza e graça: toda ela, em todas as suas partes e em todas as suas coisas, é graciosa, amável e linda, como o é o jardim com o qual ele a compara, porque não há nele parte desaproveitada ou por cultivar que não tenha alguma árvore ou erva que o embeleze; e entre as árvores e ervas que nele há não existe nenhuma que não seja de grande deleite e proveito, como diremos de cada uma.

Porque, segundo a verdade do espírito, é necessário notar que no justo e na virtude estão juntos proveito, deleite e alegria com todos os outros bens, não havendo coisa alguma que não tenha utilidade e valor; e que o justo não só tem e produz frutos que deleitam o paladar e com os quais sustenta sua vida, mas também possui verdor de folhas e aroma da fama com que alegra e serve ao bem de seu próximo. É o que afirma maravilhosamente o profeta e rei Davi (Sl 1,3), quando diz que o justo é como a árvore plantada junto à água corrente, que produz frutos a seu tempo, que está sempre verde e viçosa, e cujas folhas nunca secam ou murcham. E é de notar principalmente que todas estas árvores mencionadas são vistosas e de excelente fragrância, para confundir o desatino dos que se contentam para a sua salvação com a fé escondida na alma e fazem pouco caso das boas e louváveis mostras exteriores, que são as folhas e o aroma que edificam os circunstantes.

Cipro. Dioscórides menciona dois tipos de cipro: um tipo é uma raiz trazida da Índia Oriental, semelhante ao gengibre, mas não é deste que se fala aqui. O outro tipo, que é o mencionado aqui, é um gênero de junco, de cerca de noventa centímetros de altura e com caule quadrado ou triangular, que tem junto à raiz algumas folhas compridas e finas e no alto faz uma maçaroca de flores miúdas. É aromático e de muitas utilidades. Cresce à beira das lagunas e em lugares úmidos e é encontrado principalmente na Síria e na Sicília; e em nossa língua se chama *junça-de-cheiro* ou *aveleira* e em latim *iuncus odoratus*.

Nardo. É uma erva igualmente aromática e útil, da qual existem diferentes espécies, e uma delas se adaptou muito bem à Síria e à Palestina, segundo afirma Dioscórides. Em algumas regiões da Espanha chama-se *estoraque*.

Canela e *cinamomo*. Existe uma dúvida quanto ao *cinamomo*: se é o que chamamos *canela*, ou se é o que os gregos chamam *cássia*. Galeno afirma que o *cinamomo* tem uma suavidade de aroma que não se pode explicar; e é certo que o *cinamomo* é muito delicado em sabor e aroma e mais caro e mais útil do que a *cássia*, embora se assemelhe a esta em muitos aspectos. Tanto um quanto a outra são trazidos hoje em dia da Índia portuguesa e, ao que parece, são variedades de canela, uma melhor e a outra de qualidade inferior.

No original hebraico, o que eu traduzi como *canela* chama-se *kane*, que alguns traduzem como *calamus aromaticus*, que é outra erva diferente da *cássia* e do *cinamomo*, segundo parece de acordo com Dioscórides e Plínio, que pode ser encontrada na Síria e é semelhante à *junça-de-cheiro*; mas é mais aromática que esta e, quando é quebrada, não se parte, mas se estilhaça. O que traduzi como *cinamomo* chama-se em hebraico *kinamon*, que os doutos nesta língua dizem que é *cinamomo* e o *cinamomo* dizem que é *linaloés*. Nisto se enganam redondamente, segundo o parecer de Galeno, Plínio e também Dioscórides, que veem qualidades muito diferentes entre o *cinamomo* e o que nós chamamos *linaloés*. E, por isso, considero mais exato dizer que as palavras hebraicas significam aquilo que eu traduzi.

Com as demais árvores do incenso, ou seja: das quais se destila e se extrai o incenso. Por *mirra* entendo a árvore de onde ela é extraída, que, como afirma Plínio, pode atingir até dois metros e meio de altura aproximadamente e é um tanto espinhosa, semelhante às folhas da oliveira. E *aloés* ou *azíbar*: ou seja, a planta de onde se extrai a substância do mesmo nome, que é pequena e tem uma raiz de folhas grossas e largas. Embora alguns hebreus doutos afirmem que *ahaloth*, que é a palavra que está no texto original e que comumente traduzem como *aloés* ou *azíbar*, é o *sândalo*, árvore grande e alta, com propriedades contrárias ao *azíbar*, mas aromática e cordial e de bom odor, o que o *azíbar* não é; o que combina melhor com a intenção do Esposo de mencionar todas as plantas preciosas e aromáticas que costumam e podem embelezar ainda mais um lindo jardim. E por isso diz: *Com todos os demais aromas excelentes*.

Fonte de hortos. O Esposo havia comparado sua querida Esposa não só a um lindo horto, como também a uma fonte pura e protegida. Agora expõe este segundo ponto, especificando mais particularmente as qualidades dessa fonte, e diz *fonte de hortos*, ou seja, tão abundante e tão copiosa que dela se tira água, através de canaletes, para regar os hortos. *Poço de águas vivas*, isto é, não estagnadas como as de um pântano, mas que manam perpetuamente sem nunca faltar. *Que escorrem do monte Líbano*, onde nascem; que é, como dissemos, um monte com grandes e frondosos arvoredos e muito citado na Sagrada Escritura. Disso se deve deduzir que a água desta fonte é doce e pura, pois nasce e escorre de tais nascentes.

Deste modo, fica descrita uma fonte com todas as suas boas qualidades – muita água, puríssima e tranquila, fresca e saborosa e que jamais acaba – para que, a partir da beleza da fonte e do jardim, tenhamos uma ideia da extrema graciosidade da Esposa, que é comparada a um jardim e a uma fonte.

16. *Sus! Voa, vento norte, e vem tu, vento sudoeste! Refresca este meu horto e faze com que se espalhem seus aromas.*

Esta é uma apóstrofe ou giro poético muito gracioso, no qual o Esposo, tendo pintado e mencionado um tão belo jardim, como vimos, prossegue com o mesmo entusiasmo retórico e dirige seu discurso aos ventos – o vento norte e o vento sudoeste – pedindo a um que vá embora e não danifique e nem queime este seu lindo horto e ao outro que venha e com seu sopro temperado e aprazível o refresque e melhore, ajudando as plantas a brotarem; o que é uma maneira de bendizer sua Esposa e desejar-lhe prosperidade e felicidade. É muito natural, quando se vê ou descreve com afeição e palavras uma coisa muito bela e querida, bendizê-la e pedir a Deus que a proteja. E assim, ao dizer que a Esposa é um jardim, o Esposo acrescenta: "Oh! Deus, proteja o meu lindo jardim dos ventos maus e o amparo do céu o favoreça, para que eu não veja o rigor e a aspereza do vento norte" – que, como se sabe, é um vento muito frio e por isso resseca e queima as árvores e as plantas. "E venha o vento sudoeste e sopre neste meu horto com sua brisa temperada e suave, para que com o calor se desperte aroma e com o movimento o carregue e espalhe por mil partes, de maneira que todos gozem de sua suavidade e deleite".

Isto significa, segundo o espírito, pedir que Deus faça cessar os tempos ásperos e atribulados, que enfraquecem e fazem murchar a virtude, e envie a temperada e amena branda estação das chuvas de sua graça, na qual as virtudes, que têm suas raízes na alma, costumam brotar em público para odor e bom exemplo e grande proveito de muitos outros. E esta bendição é dita desta maneira graciosa por estar de acordo com a natureza do horto a que se refere. Porque é regra que, quando bendizemos ou, maldizendo, execramos alguma pessoa ou coisa, a bendição ou maldição deve estar em conformidade com a natureza e ofício da coisa. Como o fez Davi (2Sm 1,21), naquela lamentação proferida sobre a morte de Saul e Jônatas, dizendo: *Oh, montes de Gelboé*, estéreis sejais, sem nenhum fruto nem planta; privados do benefício do céu, *nem orvalho nem água caiam sobre vós.*

Capítulo V

1. (Esposa) *Venha o meu Amado para seu horto e coma o fruto de suas delicadas maçãs.*

2. (Esposo) *Vim para meu horto, minha irmã, Esposa. Colhi minha mirra e meus aromas: comi meu favo com meu mel; bebi meu vinho e meu leite. Comei, companheiros; bebei e embriagai-vos, amigos.*

3. (Esposa) *Eu durmo, mas meu coração vela. A voz de meu amado chama: Abre-me, minha irmã, minha companheira, minha pomba, minha perfeita, porque minha cabeça está cheia de orvalho e o meu cabelo das gotas da noite.*

4. *Já despi minha túnica, como a vestirei (novamente)? Já lavei os meus pés, como os sujarei (outra vez)?*

5. *O meu amado pôs a mão pela fenda das portas e minhas entranhas estremeceram dentro de mim.*

6. *Levantei-me para abrir ao meu Amado e minhas mãos gotejaram mirra e meus dedos (pingaram) mirra que corre, sobre os gonzos da aldrava.*

7. *Abri para o meu Amado, mas o meu Amado tinha ido embora e havia passado, e minha alma esvaiu-se ao ouvir sua fala. Busquei-o e não o encontrei; chamei-o e não me respondeu.*

8. *Encontraram-me os guardas que rondam a cidade; feriram-me; os guardas das muralhas tomaram-me o manto que eu trazia sobre mim.*

9. *Eu vos conjuro, filhas de Jerusalém, que se encontrardes meu amado...: Mas o que lhe contareis? Que estou doente de amor.*

10. (Companheiras) *O que tem o teu Amado mais que outro amado, ó bela entre as mulheres? O que tem o teu Amado mais que outro amado, para nos conjurares desta maneira?*

11. (Esposa) *O meu Amado é branco e corado; carrega a bandeira entre os milhares.*

12. *Sua cabeça é como ouro de Tibar; seus cabelos são crespos, negros como o corvo.*

13. *Seus olhos são como os das pombas junto aos arroios das águas, banhadas em leite junto à abundância.*

14. *Suas faces são como canteiros de plantas aromáticas das águas-de-colônia. Seus lábios são violetas que destilam mirra que corre.*

15. *Suas mãos são cilindros de ouro cheios de Társis; seu ventre é dente branco cercado de safiras.*

16. *Suas pernas são colunas de mármore, assentadas sobre base de ouro fino. Seu semblante é como o do Líbano, altaneiro como os cedros.*

17. *O seu paladar é só doçuras; e todo ele é desejos. Assim é o meu Amado, e assim é o meu companheiro, filhas de Jerusalém.*

18. (Companheiras) *Para onde foi o teu Amado, ó bela entre as mulheres? Que rumo tomou o teu Amado? E nós o buscaremos contigo.*

Exposição

1. *Venha o meu Amado para seu horto e coma o fruto de suas delicadas maçãs.*

Como o Esposo acaba de falar em hortos, a Esposa, ciente disto, lembra-se que seu Amado tinha um horto, que por acaso é o mesmo horto da comparação feita acima; e roga-lhe que não vá para onde estava indo, a fim de irem juntos comer das maçãs. Ou, melhor dizendo, já que ele a havia comparado a um delicioso horto, ela agora, através destas palavras, velada e pudicamente, se oferece a si mesma e o convida a desfrutar seus amores. Como se dissesse de modo mais claro: "Já que me comparaste a um jardim, ó amado Esposo, e disseste que eu era o teu horto, assim o confesso e digo que sou tua e que tudo o que há de bom em mim é para ti. Vem, Esposo meu, colhe e comerás dos bons frutos que neste teu horto tanta satisfação te trouxeram!"

2. *Vim para meu horto, minha irmã, Esposa. Colhi minha mirra e meus aromas; comi meu favo com meu mel; bebi meu vinho e meu leite. Comei, companheiros; bebei e embriagai-vos, amigos.*

Com isso o Esposo diz que, como ela o convida a apossar-se e a comer o doce fruto do seu horto, ele terá muito prazer em ir até lá e apropriar-se dele, porque assim o considera, por ser de sua Esposa, que é uma só coisa com ele. E porque a nomeia com este nome metafórico de horto e diz que virá espairecer com ela, prosseguindo com a mesma comparação e maneira de falar, ele o diz, não com palavras claras e simples, mas por circunlóquios e senhas, expondo com palavras elegantes tudo o que se costuma fazer num horto agradável quando algumas pessoas se reúnem nele para recrear-se e espairecer: não só colhem flores aromáticas, mas também costumam merendar nele e levar comida e vinho e nele colhem das frutas que houver. E por isso o Esposo diz: *Comi meu favo com meu mel* etc. Como se dissesse: "Virei rapidamente a este meu horto e colherei minha mirra e as demais flores aromáticas que nele crescem; comeremos ali frutas dulcíssimas a convite de minha Esposa e favos de mel que há no horto e beberemos muito leite e vinho, de modo que muito nos regozijaremos".

E, como se já estivesse nele, convida os pastores seus companheiros a beber e a regozijar-se, como se costuma fazer nos alegres banquetes quando, com grande alegria, as pessoas se convidam umas às outras. Porque, como disse, descrever perfeitamente o prazer e a satisfação que se experimenta num horto num dia de festa e passatempo é, para o Esposo, manifestar a determinação de regozijar-se e alegrar-se com sua Esposa, que ele designa aqui sob este nome de horto.

A palavra *vim*, que está no tempo passado, a entendemos como se estivesse no tempo futuro, dizendo *eu virei*; e assim também as outras: *colhi, comi* e *bebi* as entendemos como *colherei, comerei* e *beberei*, porque é um recurso muito utilizado e aceito na Sagrada Escritura usar o passado em lugar do futuro e vice-versa; como ocorre no Salmo (Sl 54,9) onde está escrito: *meu olho desprezou meus inimigos*, querendo dizer que os *desprezará*.

E ao dizer *leite* e *vinho, favos* e *mel*, mantém-se literalmente o decoro e a conveniência da pessoa que está falando, porque um pastor utiliza esses tipos de alimentos e muito se deleita com sua abundância, como fazem as pessoas requintadas com as iguarias soberbas e suntuosas.

É preciso entender aqui que, dito isto, o Esposo foi embora e chegou a tarde e passou aquele dia, e veio outro, e a Esposa relata o que havia acontecido naquela noite entre ela e seu Esposo: ele veio vê-la e chamou por ela à sua porta e, por ela ter demorado um pouco a abrir, ele se foi embora; e isso foi motivo para ela sair de casa durante a noite e andar perdida à sua procura. E isto tudo, e cada detalhe em particular, ela o conta com singular graciosidade e sentimento.

3. *Eu durmo, mas meu coração vela.*

Daquele que ama diz-se que nele vive apenas uma metade de si mesmo e a outra metade, que é a sua melhor parte, vive e está na coisa amada. Porque nossa alma possui duas funções: uma de criar e conservar o corpo, e a outra de pensar e imaginar exercitando-se no conhecimento e contemplação das coisas, que é o principal e mais fundamental. Quando alguém ama, este ofício de pensar e imaginar ele nunca o emprega em si mesmo, mas na coisa que ele ama, contemplando-a e ocupando-se sempre dela. Somente reserva para si e para seu corpo aquela primeira função, que é um pouco de sua presença e cuidado, na medida suficiente para mantê-lo vivo e sustentá-lo, e mesmo isto nem sempre totalmente. Pressuposto assim simplesmente e sem filosofar mais a respeito, isto nos revela a grandeza do amor que a Esposa mostra nesta passagem, ao dizer: *Eu durmo, mas meu coração vela*. Pois diz que, embora durma, não dorme completamente nem toda ela repousa, porque seu coração não está nela, mas está sempre velando com seu Amado; porque, já que o coração dela se entregou ao amor e ao serviço do Esposo, não tem mais a ver com ela, e por isso não colabora com ela em seu proveito. Porque a pessoa gostaria de fugir dos sofrimentos do amor, mas o coração diz: eu quero sofrê-los. E aquele que ama diz: esta é uma carga pesada. E o coração responde: precisamos carregá-la. O amante queixa-se que está perdendo o tempo, a vida, as esperanças; o coração o dá como bem-empregado. Assim, enquanto o corpo dorme e repousa, o coração está velando e regozijando-se com as fantasias de amor, recebendo e enviando mensagens. E por isso diz: *Eu durmo, mas meu coração vela*, ou seja: embora eu durma, o amor por meu Esposo e a preocupação com sua ausência me mantêm sobressaltada e meio desperta, e por isso ouvi facilmente sua voz.

Ou também podemos entender que ela chama o próprio Esposo de *seu coração*, como galanteio, como se costuma dizer frequentemente. E de acordo com esta interpretação ela diz que, enquanto ela repousava, o seu coração, isto é, o seu Esposo, estava velando, o que é uma maneira de lastimar-se pelo trabalho que ela lhe dá e mostrar o quanto é querida por ele. E isso é muito próprio de Deus, cujo sumo e ardente amor pelos homens vai sendo expresso sob estas imagens; porque muitas vezes, quando os seus estão mais esquecidos dele, é então que Ele, por causa de seu imenso amor, vela por eles e os envolve com maior cuidado.

Voz de meu Esposo que chama.

Por trazer o coração desassossegado e alvoroçado, ela tinha o sono leve e por isso, quando chega o Esposo e chama à porta, ela logo acorda e reconhece a voz dele que assim dizia: *Abre-me, minha irmã, minha companheira, minha pomba, minha perfeita* – palavras estas cheias de cortesia e deleitamento e que demonstram bem o amor que ele lhe tem e que o dominava. E neste repetir *minha* a cada vez e a cada palavra, mostra muito bem o afeto com que a chama, para movê-la a abrir a porta àquele que tanto a ama.

Perfeita minha. O amor não encontra defeito no objeto amado, por isso diz Salomão (Pr 10,12): *Amor e caridade cobrem a multidão dos pecados*, isto é, fazem com que não sejam notados os defeitos daquele que é amado, por muitos que sejam. E, na verdade, a Esposa de quem se fala aqui é a Igreja dos justos, que é em todas as suas coisas *acabada* e *perfeita*, por benefício e graça do sangue de Cristo, como diz o Apóstolo. E por isso diz *alindada minha*, como se dissesse: por mim e por minhas mãos e trabalho aformoseada e aperfeiçoada, e tornada assim tão linda e formosa como a pomba.

E, como quem ama não aguenta ver seu amado sofrer, diz-lhe para motivá-la mais: *Porque minha cabeça está cheia de orvalho.* O que quer dizer: olha, eu não posso ficar aqui fora, pois faz muito sereno e cai um orvalho que já umedece minha cabeça e meus cabelos. Assim ele mostra o quanto precisava de um lugar para descansar e a incentiva a abrir a porta com maior determinação e rapidez.

Isto dizia o Esposo. Mas ela diz que ouviu sua voz e começou a dizer para si mesma com terna e satisfeita preguiça:

4. *Já despi minha túnica, como a vestirei novamente? Já lavei meus pés, como os sujarei outra vez?*

O que quer dizer: "Ai! Coitada de mim! Eu já estava desnuda e terei agora que tornar a me vestir? E os pés que acabei de lavar, tenho que sujá-los novamente?" Aqui se descreve ao vivo um melindre – chamemo-lo assim – que é comum às mulheres: tornam-se esquivas quando não é necessário; e muitas vezes, desejando muito alguma coisa, quando a têm nas mãos fingem enfadar-se dela e dizem que não a querem. A Esposa havia desejado que o Esposo viesse e dito que não podia viver sem ele nem por um segundo e suplicado que viesse e despertado com alegria e com presteza ao primeiro som de sua voz e à primeira batida na porta. E agora que viu que ele chegou, enche-se de orgulho e fica com preguiça de abrir-lhe a porta, fazendo-se de difícil para fazê-lo penar e conquistar mais essa vitória sobre ele. E diz, utilizando desculpas esfarrapadas: "Despi minha túnica e ela já deve estar fria, como a vestirei novamente? Acabei de lavar os pés para dormir, terei que sujá-los pisando na lama?" Aqui se trata de uma elegante inversão, pois o Esposo vem cansado e molhado, depois de ficar acordado ao sereno e ter passado um mau momento da noite, e ela se recusa a suportar por ele uma túnica fria. Nisso, como digo, ela mostra muito bem a condição e índole natural de seu gênero, porque, ainda que as mulheres amem e desejem muito, com qualquer coisinha mostram-se incomodadas e usam de mil expedientes infantis. Contudo, não se deve entender que, ao dizer isso, a Esposa se nega a abrir-lhe a porta, pois isso seria incompreensível num amor tão verdadeiro e ardente, mas que, pressuposto que quer e vai abrir, expressa certa mágoa pelo fato de ele não ter chegado um pouco antes, quando ela estava vestida e sem se lavar, o que lhe evitaria agora ter que pôr e tirar a roupa tantas vezes.

5. *O meu amado pôs a mão por entre a fenda das portas e minhas entranhas estremeceram dentro de mim.*

A Esposa diz que, por ter demorado um pouco, ao que parece, em vestir a roupa, o Esposo não suportou a demora e tentou abrir a porta, pondo a mão pelas fendas e procurando levantar a aldrava. E ela, percebendo isso, e toda conturbada por ver a pressa dele, e sentindo o amor em suas entranhas acusá-la por sua preguiça e tardança, correu para abrir assim como estava, ainda meio-vestida e descomposta. E diz assim:

6. *Levantei-me para abrir ao meu Amado e minhas mãos gotejaram mirra e meus dedos pingaram mirra que corre, sobre os gonzos da aldrava.*

Pressupõe-se que, ao levantar-se, ela apanhou algum frasco de mirra, isto é, de algum líquido precioso feito de mirra, para receber o Esposo ao entrar e com ela borrifá-lo, já que vinha cansado e fatigado, como costumam fazer os muito enamorados. Pois em tudo, e também neste caso, Salomão mantém com maravilhosa maestria e cuidado todas as peculiaridades que existem, tanto nas palavras quanto nos atos, entre duas pessoas que se querem bem, como são as que ele introduz neste seu *Cântico*.

Diz, portanto, que, por estar agitada e com pressa de abrir a porta para o Esposo, o frasco esteve a ponto de cair-lhe das mãos; mas, afinal, o frasco apenas escorregou-lhe nas mãos e o líquido escorreu por entre os dedos e sobre os gonzos da aldrava que ela estava abrindo.

Mirra que corre não quer dizer que a mirra escorreu e se derramou sobre a aldrava, embora tenha sido isso que ocorreu, como já disse; mas significa *mirra líquida*, diferente daquela que vemos comumente, que é a mirra solidificada em grãos. Ou, o que considero mais acertado e mais de acordo com a interpretação de São Jerônimo e dos hebreus: dizer *mirra que corre* equivale a dizer mirra excelentíssima e fina, porque a palavra hebraica *hober* quer dizer *corrente* e que em todos os lugares é considerada boa, o que, segundo a índole daquela língua, significa que é muito boa e perfeita, aprovada por todos aqueles que a veem. Coisa semelhante ocorre em nossa língua quando, ao falar da moda de lei, dizemos que é moeda corrente.

7. *Abri para o meu Amado, mas o meu Amado tinha ido embora e havia passado.*

Oportunamente o Esposo paga à Esposa com a mesma moeda, porque, vendo que ela a princípio não quis abrir a porta, como que dando-lhe a entender que não precisava dele, tentou abri-la; mas, quando percebeu que ela se tinha levantado e vinha abrir, quer retribuir-lhe a brincadeira, como quem diz: "Queres dar-me a entender que podes passar sem mim; pois fica sabendo que posso mais aguentar eu sem ti do que tu sem mim". E por isso ele se ausenta, não abandonando-a, mas para castigá-la, deixando-a passar um tempo entre esperanças e temores, para que depois ela sinta mais prazer e ao mesmo tempo aprenda com a experiência e se emende.

Diz, portanto: *Abri para o meu Amado*, mas não o encontrei junto à porta, como esperava, porque já tinha ido embora e passado ao largo. Compreende-se a tristeza com que a Esposa profere estas palavras, como alguém que se sente envergonhada e triste por causa de seu descuido. E assim as palavras parecem de alguém atônito e um tanto fora de si, pois é isto que denota a repetição ao dizer que ele *tinha ido embora e havia passado.*

Minha alma esvaiu-se ao ouvir sua fala. Isto é, minha alma se derreteu em amor e tristeza, por ter ouvido sua voz e constatar que tinha ido embora; mas irei e o buscarei e o chamarei aos gritos; encherei o ar com o som de seu nome, para que me responda e venha até mim. Mas, ai de mim! Porque, procurando-o não o encontro e, chamando-o, não me responde! E por isso, com grande angústia, logo acrescenta: *Busquei-o e não o encontrei; chamei-o e não me respondeu.* Donde se compreende a angústia que tomava conta dela. E ao mesmo tempo relata as desgraças que depois disto lhe aconteceram ao buscar seu Esposo: encontraram-na os guardas que de noite rondam e protegem a cidade; e, como entre eles sempre existem assaltantes e ladrões, e pessoas devassas e inconvenientes excessos, diz que lhe desferiram alguns golpes, não a respeitando por estar desacompanhada, e lhe arrancaram o manto ou mantilha com que se cobria e satisfizeram sua paixão com esta boa obra. E assim diz:

8. *Encontraram-me casualmente os guardas que rondam a cidade, e os guardas das muralhas arrancaram-me o manto de cima de mim.*

De cima de mim, isto é, com que eu me cobria.

Isto está dito assim, não porque tenha acontecido dessa maneira com a filha do Faraó e Esposa de Salomão, que aqui está subentendida e fala, mas porque é próprio da pessoa enamorada, por ela representada, buscar com semelhante ânsia seus amores em qualquer momento; e tais incidentes sempre acompanham aqueles que andam durante a noite.

Segundo o espírito, é grande verdade que todos os que buscam ansiosamente Cristo e a virtude tropeçam primeiro em grandes dificuldades e contradições; e temos que levar em consideração que aqueles que têm por ofício guardar, vigiar e zelar pelo bem público, e nos quais com toda a razão a virtude deveria encontrar amparo, esses na maioria a perseguem e maltratam.

9. *Conjuro-os, filhas de Jerusalém, que se encontrardes meu amado...*

Devido à grande ânsia e dor que sentia por não encontrar seu Esposo, não se importa muito nem se ofende com o mau tratamento que recebia dos guardas; e assim, em vez de queixar-se da sua brutalidade ou retornar para casa e fugir das suas mãos, roga às moradoras de Jerusalém que lhe deem notícias de seu amor se porventura o viram; e, se não, que a ajudem a procurá-lo. Porque é próprio do amor verdadeiro crescer mais quanto mais numerosas e maiores forem as dificuldades e os perigos que encontra.

Diz mais: *Mas o que lhe contareis?* Ou seja: o que lhe direis? E ela responde da seguinte maneira e diz: *Estou doente de amor*, ou seja, conforme se costuma dizer em nossa língua: "Dizei-lhe que estou morrendo de amor". E é necessário considerar que, embora estivesse cansada de buscá-lo, maltratada e despojada pela brutalidade daqueles com quem cruzou, não manda dizer-lhe nada a respeito de sua aflição, nem de seu cansaço, nem do trabalho que teve com sua busca, nem dos infortúnios ocorridos, mas somente que está sofrendo por seu amor, por duas causas: primeira, porque esta paixão, por ser a mais intensa de todas, sobrepujava o sentimento de todas as outras e as apagava de sua memória; segunda, porque nada podia nem era justo que pudesse convencer mais o Esposo a retornar do que saber do ardente e vivo amor da Esposa. Com efeito, não existe nada mais eficaz nem que possua tanto poder sobre quem ama do que saber que é amado, pois isso sempre foi o incentivo e o ímã do amor.

Esse mesmo amor introduz aqui algumas mulheres de Jerusalém que, ao ouvi-la, em parte maravilhadas pelo fato de uma donzela tão bela andar a tais horas buscando o seu Amado com tanta ânsia e em parte movidas a sentir lástima e compaixão por seu ardente desejo, lhe perguntam quem é este seu Amado, por quem ela tanto se aflige, e em que ele se avantaja aos demais a ponto de merecer as manifestações extremas a que ela chega por causa dele, buscando-o a tais horas, coisa que outra não faria. E acreditam que isso nascia ou de algum amor sublime, ou de alguma loucura, ou talvez por ele ser digno e merecedor de todos esses gestos. E por isso dizem:

10. *O que tem o teu Amado mais que outro amado, ó bela entre as mulheres? O que tem o teu Amado mais que outro amado, para nos conjurares desta maneira?*

Ou seja: Em que se avantaja ou se diferencia este a quem tu amas, quando comparado com os outros jovens e pessoas que podem ser queridas? E perguntam isso com duas intenções: em primeiro lugar, para saber o motivo do grande e excessivo amor que lhe mostra, pois o Esposo podia muito bem possuir alguma particular vantagem sobre os demais homens; em segundo lugar, para que, através dos sinais por ela fornecidos, pudessem reconhecê-lo quando o vissem. Por isso a Esposa responde:

11. *O meu Amado é branco e corado, carrega a bandeira entre os milhares.*

A princípio a Esposa caracteriza seu Esposo genericamente afirmando que ele é *branco e corado*; e depois vai especificando as partes de sua beleza, cada uma em seu lugar. Diz, portanto: "Sabei, minhas irmãs, que meu Amado é *branco e ruivo*, para que de longe possais reconhecê-lo pelo brilho destas cores, que nele são tão perfeitas ao ponto de, entre mil homens, ele se destacar e ser o centro das atenções e carregar a bandeira".

A palavra hebraica é *dagul*, que vem de *daguel* e quer dizer bandeira; e assim *dagul* significa propriamente o *alferes*. E a partir daí, por semelhança, se aplica e passa a significar tudo aquilo que se destaca em qualquer coisa, como o alferes se destaca entre os do seu esquadrão. E por isso São Jerônimo, atendendo mais ao sentido do que à palavra, traduziu como *escolhido entre mil.* Nestas palavras subentende-se uma espécie de velada repreensão da Esposa às mulheres que lhe pedem os sinais do seu Esposo. Como se dissesse: "Não é preciso dizer quem e como é o meu Esposo, já que, mesmo que esteja entre mil, facilmente pode ser visto e reconhecido". Contudo, prossegue relatando suas características, já que é muito natural ao amor deleitar-se e como que sentir prazer em trazer sempre na memória e na boca aquilo que ama, por qualquer motivo que seja. Por isso diz:

12. *Sua cabeça é como ouro de Tibar; seus cabelos são crespos, negros como o corvo.*

Ou seja: sua cabeça é muito bela e bem proporcional, como que feita de ouro puro, sem nenhum defeito nem mancha. Porque é uma imagem usada em todas as línguas: quando se quer dizer que alguma coisa é perfeita e graciosa, diz-se que é feita de ouro. E por isso a Esposa diz isso aqui, e não porque os cabelos do Esposo fossem louros, porque, como veremos, eram pretos. Porque no Oriente e em todas as áreas quentes o cabelo preto é considerado mais elegante, como ainda hoje se vangloriam dele os mouros. E por isso acrescenta: *Seus cabelos são crespos, negros como o corvo*. E, sem dúvida, no rosto de um homem branco cabelos negros e barba negra calham melhor do que os louros, por serem cores contrastantes, uma ressaltando a outra. Onde se diz *crespos*, a palavra hebraica é *taltalim*, derivada de *talal*, e quer dizer *colina* ou promontório de terra que se encontra mais elevado; daí se afirma dos cabelos crespos que, torcendo as pontas para cima, se elevam para o alto. Nós diríamos cabelos *eriçados*. E diz mais:

13. *Seus olhos são como os das pombas junto aos arroios das águas, banhadas em leite junto à abundância.*

Já disse que as pombas daquela terra, que agora são chamadas tripolinas, têm olhos belíssimos, e parecem ainda mais belos com as qualidades que acrescenta: *junto aos arroios das águas*. Isso porque, principalmente quando acabam de banhar-se, seus olhos reluzem e cintilam intensamente, e aqueles que as compram costumam roçar-lhes os olhos com a mão molhada, e naquele reluzir e relampejar dos olhos conhecem sua saúde e inteireza. E por isso diz a Esposa que os olhos de seu Esposo são tão belos como os das pombas quando os tornam mais belos, ou seja, quando elas se lavam nas correntes das águas onde se banham e eles adquirem uma graça particular.

Banhadas em leite, isto é, brancas como o leite, que é a cor que mais agrada nas pombas. *Repousam sobre a abundância*: eu quis traduzir assim para dar lugar a todas as diferenças de sentidos que os intérpretes e expositores imaginam nesta expressão. E esta liberdade no-la dá o próprio original, onde se encontram exatamente as mesmas palavras. Alguns entendem que *abundância* aqui deve ser de água, como são os grandes rios e lagos artificiais. Deste parecer é São Jerônimo, e por isso traduz: *que repousam junto aos rios caudalosos e bem cheios*, o que equivale a repetir sem grande necessidade o mesmo que acaba de dizer: *junto às correntes das águas*. Outros pensam que pelo termo *abundante* ou *cheio*, que ocorre aqui, convém entender vasos grandes cheios de leite, nos quais imaginam ter-se banhado as pombas, das quais se diz isto: *banhadas em leite*. Mas esta é uma interpretação muito distante e forçada.

Visto que a palavra *mileoth* significa literalmente *abundância*, *plenitude* e *enchimento* em algumas passagens da Sagrada Escritura e por ela se entende o que é perfeito e acabado, porque tudo isso está pleno em seu gênero, poder-se-ia entender assim: dizer que *as pombas estão em plenitude* ou *em abundância*, banhadas em leite, equivale a dizer que estão completa e inteiramente banhadas, ou seja, são perfeitamente brancas, sem mistura de outra cor. E em conformidade com isso dirá o texto: *Seus olhos são como pombas junto às correntes das águas, que se banham em leite e ficam inteiramente banhadas*.

O sentido correto é que a palavra hebraica *mileoth* significa tudo aquilo que, possuindo algum assento ou lugar vazio ou assinalado para encaixar-se, preenche bem o referido lugar ajustando-se a ele, como um diamante que se ajusta bem ao seu engaste e como uma pomba que preenche o buraco ou nicho onde faz o ninho. Porque, como as pombas parecem ficar particularmente bem num destes dois lugares, ou junto ao arroio em que se banham, ou pousadas no ninho (como se viu acima, onde, para maior elogio e elegância, o Esposo chamou a Esposa de *pomba pousada no buraco do paredão*, isto é, em seu ninho), por esse motivo a Esposa, para elogiar os belos olhos do Esposo, compara-os aos da pomba, naqueles lugares onde ela está mais bela e melhor aparece. E por isso diz: São como olhos de pombas junto às correntes das águas, ou como de pombas branquíssimas, que, com sua elegante majestade, preenchem bem e ocupam e deixam cheios os ninhos onde repousam.

14. *Suas faces são como fileiras de ervas e plantas aromáticas.*

Por faces entende-se todo o rosto, que ela afirma ser tão belo, tão sereno e de tão graciosa aparência como o são e parecem os canteiros de ervas e plantas aromáticas, dispostas em bela ordem e cuidadas com grande carinho e prazer, como são plantadas e cultivadas na Palestina, na Judeia e demais terras do Oriente, onde a Esposa fala e onde essas ervas se encontram mais que em qualquer outra parte. Pois assim como são tão belas estas fileiras em igualdade, cor, aroma e aparência, tão belo é, e não menos, o gracioso rosto do Esposo; e, por isso, acrescenta: *como flores aromáticas.*

E diz mais: *Seus lábios são como açucenas.* Dioscórides, que se ocupa delas, confessa que existe uma espécie de açucenas rubras como carmesim, e nesta passagem se entende que a elas se assemelham os lábios do Esposo, que não só eram avermelhados, mas também exalavam perfume; e por isso acrescenta: *dos quais destila mirra que corre,* ou seja, fina e preciosa, como já dissemos. É preciso levar em consideração aqui a grande arte com que a rústica Esposa elogia seu Esposo, pois os que querem enaltecer muito uma coisa, elogiando-a e expondo suas características, não recorrem às palavras simples e próprias, mas dizem os nomes das coisas nas quais mais perfeitamente se encontra a qualidade daquilo que elogiam, o que confere maior ênfase e graça ao que se diz. Como aquele grande poeta toscano[11], que, desejando elogiar os cabelos, chama-os *ouro*, os lábios chama-os *grã*, os dentes chama-os *pérolas* e os olhos chama-os *luzeiros* ou *estrelas*. Tal artifício encontra-se na Escritura Sagrada mais que em qualquer outra escritura do mundo. E assim vemos que aqui a Esposa procede da mesma maneira, porque, dizendo que os olhos do Esposo são como os da pomba, diz mais do que se dissesse que eram formosos; e, dizendo que as faces são como as fileiras de plantas, faz um elogio maior do que se dissesse que eram proporcionais e lisas e graciosas.

E da mesma maneira elogia as mãos, dizendo:

15. *As suas mãos são cilindros de ouro, cheios de Társis.*

Aqui ela elogia a graciosidade e o formato das mãos, por serem longas e os dedos roliços, tão lindos como se fossem torneados de ouro. A pedra *társis*, que é assim denominada por causa da região onde se encontra, possui uma coloração entre o branco e o rosa, segundo a descrição de um hebreu antigo chamado Abenezra[12]. E com isso a Esposa se refere às unhas, que são o arremate dos dedos das mãos, as quais são levemente vermelhas e reluzentes, como as pedras preciosas de társis. E, portanto, as mãos, em sua forma e com suas unhas, serão como cilindros de ouro rematados em társis; e aqui, ao dizer que as mãos são como *cilindros de ouro*, ela fala somente da forma e da graciosidade delas, já que a

---

11. Alude a Petrarca (1304-1374), por quem Frei Luís de León nutre grande admiração e a quem cita frequentemente em seus escritos.

12. Ou Ibn Ezra (século XII).

respeito da cor já disse que são brancas ao dizer acima: *meu Esposo é branco e corado.*

Em seguida, usando o mesmo estilo e modo de falar, diz:

O seu ventre é dente branco, adornado de safiras.

Seu ventre, isto é, seu peito com sua massa muscular, é *dente branco*, ou seja, é de marfim, que é feito a partir dos dentes do elefante, que são branquíssimos; *adornado de safiras*, que são pedras de grande valor, um pouco avermelhadas ao que parece. Ou seja, tudo é tão vistoso e resplandecente como uma peça de marfim envolta por pedras preciosas.

16. *Suas pernas são como colunas de mármore, assentadas sobre bases de ouro fino.*

Aqui se mostra a firmeza e belo aspecto e proporção das pernas. E em seguida, após elogiar o Esposo de maneira tão particularizada, assinalando sua beleza por partes desde a cabeça até os pés, como se ainda não estivesse inteiramente satisfeita com o que dissera nem com as características apresentadas, volta a resumir em palavras breves o que já havia externado, e ainda muito mais, dizendo:

Seu semblante é como o do Líbano.

Através disso, mostra-se com farta significação a majestade, formosura e elegância do corpo e das feições do Esposo, da mesma forma que é coisa belíssima e extremamente majestosa, à vista dos que o contemplam de longe, um monte alto como o Líbano, cheio de árvores frondosas e excelentes.

Onde dissemos *altaneiro*, a palavra hebraica é *bachur*, que quer dizer *escolhido*. E é próprio dessa língua chamar de *escolhidos* os homens altos e fortes, porque, na verdade, o porte os diferencia, tornando-os como que escolhidos entre os demais. Assim se diz no Primeiro Livro de Samuel (9,2) que o pai de Saul tinha um filho, escolhido e bom, isto é, formoso e de belo porte, como de fato o era Saul; e no Segundo Livro dos Reis (19,23), numa profecia contra o rei Ezequias, se diz: *Cortaram seus cedros escolhidos*, isto é, os mais altos e que mais sobressaem. E no último capítulo do Eclesiastes (11,9), onde o texto da Vulgata diz: *Entrega-te ao prazer, mancebo, em tua juventude, porque logo te pedirão contas*, no original encontra-se essa mesma palavra *bachur*, que é pontualmente como se disséssemos em nossa língua: "Aproveita a vida, garotão".

Aqui, como se vê, o Espírito Santo utiliza uma linguagem extremamente elegante. Sua intenção é a seguinte: por trás de uma artificiosa dissimulação e como que permitindo-o aos jovens, escarnecer da leviandade deles, que se entregam sempre à boa vida e vivem folgadamente, fazendo o que querem e na hora em que bem entendem, despreocupados com o que está por vir e lhes pode acontecer. Assim, como a intenção do Espírito Santo é repreender zombeteiramente a incúria e despreocupação dos mancebos e ameaçá-los com o castigo, não os chama de *mancebos*, que seria o nome mais apropriado para sua idade, mas chamou-os de *garotões*, usando uma palavra que expressa o brio natural desses tais e sua altivez e soberba, que são as fontes de onde nasce todo aquele descuido com o futuro e aquela gana, sem freio nem medida, de gozar dos prazeres e divertimentos presentes, coisas que Ele tanto repreende.

Mas retornemos ao nosso propósito. A Esposa conclui, dizendo:

17. *O seu paladar é só doçuras; e todo ele é desejos. Assim é meu Amado, e assim é o meu companheiro, filhas de Jerusalém.*

O seu paladar, ou seja, sua fala, é *só doçuras*, o que significa dizer que sua fala é *muito agradável, muito suave. E todo ele é desejos*, ou seja, todo ele é amável e, por todas as suas particularidades e atributos, convida a que o desejem todos aqueles que o veem e se perdem por ele. *Assim é meu Amado, assim é o meu companheiro, filhas de Jerusalém*, como se, para completar, dissesse: para que vejais se não tenho motivo para procurá-lo e para estar aflita por não encontrá-lo.

Conhecendo aquelas mulheres as características e feições do Esposo e sabendo os justos motivos pelos quais a terna Esposa enamorada se aflige e se atormenta pela ausência dele, o tormento desta suscita nelas uma grande compaixão e elas, desejando remediar esse sofrimento, pedem novamente à Esposa que, se o souber, lhes diga aonde acredita ou imagina que seu Amado pode ter ido, porque elas a ajudarão a procurá-lo.

E por isso dizem:

18. *Para onde foi o teu Amado, ó bela entre as mulheres? Que rumo tomou o teu Amado? E nós o buscaremos contigo.*

A estas perguntas parece que ela responde no princípio do capítulo seguinte, dizendo:

Capítulo VI

1. (Esposa) *O meu Amado desceu ao seu horto, aos canteiros dos aromas, para apascentar entre os hortos e colher flores.*

2. *Eu sou para o meu Amado e o meu Amado é para mim; ele apascenta entre as açucenas.*

3. (Esposo) *És formosa, minha companheira, como Tersa; bela como Jerusalém, terrível como os esquadrões com suas bandeiras desfraldadas.*

4. *Desvia teus olhos, que me violentam. O teu cabelo é como as manadas de cabras que pastam no Galaad.*

5. *Teus dentes são como um pequeno rebanho de ovelhas que sobem do lavadouro, que parem todas de dois em dois, e não há nenhuma estéril entre elas.*

6. *Tuas têmporas são como a metade de uma romã entre as tuas madeixas.*

7. *São sessenta as rainhas, oitenta as concubinas e inúmeras as donzelas.*

8. *Uma só é a minha pomba, a minha perfeita; é única para sua mãe: é escolhida para quem a pariu. Viram-na as filhas e chamaram-na bem-aventurada e as rainhas e as concubinas a elogiaram.*

9. (Companheiras) *Quem é esta que surge como a aurora, formosa como a lua, escolhida como o sol, terrível como os esquadrões?*

10. (Esposo) *Desci ao horto da nogueira para ver os frutos dos vales, e ver se a vinha está dando brotos e se as romãzeiras florescem.*

11. (Esposa) *Não sei; minha alma deixou-me como os carros de aminadab.*

12. (Coro) *Volta, volta, Sulamita; volta, volta para que te contemplemos.*

13. *O que olhais na Sulamita, como nos coros dos exércitos?*

Exposição

1. *O meu Amado desceu aos hortos, aos canteiros dos aromas, para apascentar entre os hortos e colher flores.*

Se a Esposa sabia com certeza que o Esposo estava no horto, era inútil tê-lo procurado pela cidade e por outros lugares. Por isso, estas palavras, que literalmente parecem seguras, devem ser entendidas como pronunciadas com alguma dúvida, como se a Esposa, respondendo àquelas mulheres de Jerusalém, dissesse: "Procurei-o em mil lugares e, já que não o encontro, deve certamente ter ido ao seu horto, onde costuma apascentar". Ou podemos entender que não se trata de uma resposta da Esposa à pergunta daquelas mulheres, mas que, logo que acabou de falar com elas, começou a procurar seu Esposo e, ao sair da cidade para o campo e olhando em direção ao horto dele, que nesta ficção estava nas terras baixas, ouviu a voz ou percebeu outros sinais evidentes do seu Esposo e, arrebatada de alegria, começa a dizer de improviso: "Oh! Eis aqui o meu Amado, aquele que estou procurado perdidamente. Desceu ao seu horto, onde está espairecendo e colhendo flores".

Afirma que ele *desceu*, porque ela o procurava em Jerusalém, cidade situada no alto de um monte; e nos arrabaldes e povoados, situados ao sopé do mesmo, ficava o horto desta rústica pastora e de outros habitantes da cidade, como é costume. E diz que ele anda entre os canteiros de plantas aromáticas e que veio para espairecer e recrear-se entre os lírios e violetas. Movida por essa alegria repentina, ergue a voz e diz:

2. *Eu sou para o meu Amado e o meu Amado é para mim; ele apascenta entre as açucenas.*

Como já disse, é uma maneira de chamar em alta voz, como se dissesse: "Olá, meu Amado e Amante, que estás apascentando entre as flores, estás me ouvindo?" Daí se entende o que dissemos: que ela saiu a procurá-lo no campo em direção ao lugar onde estava o horto e, sentindo que ele estava ali, chama-o, como disse, para que lhe responda. Ao ouvir a voz, o Esposo sai e, vendo a Esposa, e vendo também a grande afeição com que ela o procurava, inflama-se de um novo e intenso amor e recebe-a com maiores e mais exaltados galanteios, dizendo:

3. *És formosa, minha companheira, como Tersa; bela como Jerusalém, terrível como os esquadrões com suas bandeiras desfraldadas.*

Nesta passagem, ele sobe ao máximo o tom dos elogios à Esposa, superando seus próprios elogios anteriores. Porque nos capítulos anteriores, para elogiar a variedade de sua elegância e beleza, comparou-a com um gracioso horto; e agora compara-a com as duas cidades mais belas daquela terra: *Tersa* e *Jerusalém. Tersa* é o nome de uma nobre e populosa cidade de Israel, onde os reis residiam antes da construção de Samaria; e o próprio nome expressa a beleza da cidade e como era ameno e aprazível aquele lugar, porque *Tersa* significa tanto *suavidade* quanto *contentamento*. E a cidade se chamava assim por causa do contentamento e descanso que proporcionava a seus moradores, porque o lugar onde foi fundada e os seus edifícios eram tranquilos e aprazíveis. *Jerusalém* era a cidade principal e mais bela de toda a Palestina, e mesmo de todo o Oriente, conforme nos informam as escrituras hebraicas e dos gentios, tanto que Davi compôs um salmo em que literalmente elogia a grandeza, a beleza, a solidez e a firmeza de Jerusalém.

Assim, o Esposo diz que a bela e formosa aparência da Esposa, cheia de majestade e grandeza, é comparável a estas duas cidades: "Ver quão bela és em tudo e por tudo é uma maravilha tão grande como ver estas duas cidades reais, nas quais a firmeza do terreno, a magnificência de seus edifícios, a grandeza e beleza de suas riquezas, a variedade de suas artes e ofícios causam grande espanto e admiração em quem os vê". Porque, embora tal comparação pareça um pouco desproporcional, na verdade é muito apropriada para expressar o grande espanto que a vista da Esposa causava na alma do Esposo e quão grande e incomparável e fora de toda medida lhe parecia a sua formosura, porque, para expressar o que sentia, vinham-lhe à boca nada menos do que cidades, e cidades tão importantes e populosas, isto é, coisas cuja beleza consiste em serem de muita variedade e grandeza.

E diz mais: *assustadora como um exército com suas bandeiras*. Um bem extremo não nos assusta menos do que um mal extremo; e assim, para realçar o elogio, diz à Esposa que ela o assusta como é assustador um exército. *Com suas bandeiras desfraldadas*: isto é, com os esquadrões já dispostos em ordem e prontos para iniciar o ataque. Isto significa também que, da mesma maneira que um exército assim organizado tudo vence e arrasa, e rende e sujeita tudo quanto encontra pela frente, assim também, nem mais nem menos, não havia nenhum poder nem resistência contra a força da extrema beleza da Esposa.

E por esse motivo, logo acrescenta:

4. *Desvia teus olhos, que me violentam.*

Como se, levantando a mão e colocando-a diante do rosto, e virando o rosto e os olhos para outro lado, dissesse o Esposo: "Afasta-te, minha Esposa; não olhes para mim, porque com teus olhos me roubas e me transpassas o coração". Com estas palavras o Esposo, depois de elogiar a suma beleza da Esposa e querendo neste momento elogiá-la novamente por partes, e começando pela primeira, que são os olhos, utiliza uma maneira muito elegante para elogiá-los: em vez de falar da beleza deles, pede à Esposa que os afaste e os desvie para outro lado, porque lhe causam violência. Desse modo ele a elogia mais enfaticamente do que se os tivesse anteposto às duas estrelas mais claras e mais reluzentes do céu.

Onde se diz *que me violentam, ou me venceram*, existe uma discrepância entre os intérpretes: os Setenta e São Jerônimo traduzem da seguinte maneira: *Afasta teus olhos, que me fizeram voar.* Outros trazem: *Afasta teus olhos, que me ensoberbeceram.* Tanto uns como os outros traduzem não o que encontraram na palavra hebraica, mas o que lhes pareceu a cada um deles que ela queria dizer, já que dá motivo para ambos os sentidos o valor literal e o próprio significado da palavra, que ao pé da letra é este: *Afasta teus olhos, que fizeram sobrepujar-me*. Porque a palavra *hirhibuni*, que se encontra no original, quer dizer propriamente *sobrepujar*. São Jerônimo pensou que seria *voar*, porque os que voam sobem para o alto e, de certa maneira, se sobrepujam. Neste sentido, o Esposo deseja que a Esposa desvie dele os olhos e não o fite, porque, ao olhar nos olhos dela, ele se vê impotente e não consegue controlar o impulso de ir para ela; porque ela lhe arrebata o coração, como que voando atrás dela, sem poder fazer outra coisa. O que é um galanteio muito usado.

E os que traduzem *que me fizeram ensoberbecer* tiveram uma percepção semelhante: a de que o ser soberbo era uma forma de o homem sobrepujar-se a si mesmo e elevar-se bem para o alto; e de que, de acordo com isso, o Esposo pedia à Esposa o favor de não olhá-lo, para ele não se desvanecer com aquele olhar. Tanto uma interpretação quanto a outra são aceitáveis, pois está claro que dizer *fizeram sobrepujar-me* é um circunlóquio poético e jogo de palavras que equivale a dizer *sobrepujaram-me* ou *venceram-me*; e tanto o propósito como o fio narrativo pediam que dissesse isso. Porque, com efeito, o Esposo pedia e diz: "Desejo, minha Esposa, falar novamente de teus olhos; mas eles são tão belos, tão graciosos e resplandecentes, e pões neles tanta força que, no momento em que os fito para tecer-lhes elogios, contemplando-os, querendo descrever uma a uma suas particularidades e atrativos, eles me arrebatam e me roubam a capacidade de julgar e com sua luz me ofuscam a tal ponto que, pela violência que o amor exerce sobre mim, estou como que elevado; portanto, minha dulcíssima Esposa, desvia-os, não me olhes, pois não consigo resistir a eles".

E, pedindo isto, o Esposo pede justamente o que ele não quer, ou seja, que sua Esposa não o olhe, porque é intenso o prazer que ele sente com a visão dela; mas, com este pedido, ele tece um elogio maior do que se enumerasse por extenso as particularidades da sua beleza, contidas nos seus olhos. E estas são as coisas que julgamos mais acertado poder expor.

Após ter elogiado tão excelsamente os olhos através deste delicado artifício, o Esposo enumera as outras partes do rosto – dentes, lábios e faces – utilizando as mesmas palavras ditas acima, porque aquelas comparações são tão excelentes que não podem ser superadas nem melhoradas de maneira alguma. Diz, portanto:

> 5. *Teus dentes são como um pequeno rebanho de ovelhas que sobem do lavadouro, que parem todas de dois em dois, e não há estéreis entre elas.*
>
> 6. *Tuas têmporas são como a metade de uma romã entre as tuas madeixas.*

Diz isto referindo-se à brancura e uniformidade dos dentes e à cor e graciosidade das têmporas e à boa disposição das faces, como já vimos no capítulo 4, onde expusemos isto longamente.

> 7. *São sessenta as rainhas, oitenta as concubinas e inúmeras donzelas.*
>
> 8. *Uma só é a minha pomba, a minha perfeita; é única para sua mãe: é escolhida para quem a pariu.*

Viram-na as filhas e chamaram-na bem-aventurada;
e as rainhas e as concubinas a elogiaram.

O Esposo mostra com quais excessos e com quanta superioridade ele ama a sua Esposa, dizendo em própria pessoa, como se declarasse que é o rei Salomão este pastor que aqui representa: *Sessenta são as rainhas* etc. A prova e a firmeza do amor não estão em amar somente uma pessoa, sem amar qualquer outra. Antes, o maior e mais verdadeiro traço do amor acontece quando, estendendo-se e abarcando muitos, entre todos se assinala, se diferencia e se avantaja particularmente com um deles. E o Esposo declara-o muito bem através destas palavras, nas quais não nega ter afeição e querer bem a outras mulheres; porém, confessa amar sua Esposa mais que a todas, com um amor tão particular e tão diferente de todos os demais, que os demais, quando comparados com ele, quase não merecem o nome de amor; e, ainda que queira bem a muitas, sua Esposa é querida por ele de maneira única e singular.

Sabe-se, pelo Livro dos Reis (1Rs 11), que Salomão teve muitas mulheres, que na Escritura são nomeadas diferentemente segundo a condição e tratamento que tiveram na sua casa. As que são chamadas rainhas, porque seu ofício e casa eram como de rainhas, são *sessenta*. Outras, que não eram tratadas com tantas cerimônias, eram chamadas *concubinas*. E não se deve entender que eram amásias, como alguns pensam equivocadamente. Antes, entre os hebreus, essas tais eram mulheres legítimas, mas que haviam sido escravas ou criadas, e que seu amo as tomava como mulheres, mas sem celebrar as bodas através de documento escrito e sem as cerimônias legítimas que se realizavam no casamento das ouras, que eram livres. E estas somavam-se às mulheres principais, mas os filhos nascidos delas não tinham direitos de morgadio nem de herança capital, porém o pai tinha liberdade de fazer-lhes algumas disposições testamentárias ou doações para seu sustento, como consta no Gênesis (25,6), a respeito de Cetura e Agar, mulheres de Abraão, que a Sagrada Escritura denomina também *concubinas*. Destas Salomão tinha *oitenta*, entendendo-se por esse número muitas e muitas mais, segundo o costume hebreu.

As demais e também muito queridas por Salomão constituíam a terceira categoria, e estas eram inumeráveis. Pois diz agora que, entre tantas mulheres, a que mais se avantaja entre todas elas em amor e cuidado e preeminência é uma só, que é a filha do rei Faraó, de quem se fala neste *Cântico* sob a figura de pastora.

Uma só, diz ele, *é a minha pomba*. Como o amor é unidade e não deseja outra coisa senão a unidade, ele não é firme nem verdadeiro quando se reparte em igual grau por muitas e diversas coisas. Aquele que bem ama tem amor a uma só coisa. E, por esse motivo, quem quer amar de verdade e ao mesmo tempo não limitar seu amor a uma única coisa deve empregar sua vontade em Deus, que é um bem geral que tudo envolve e compreende. Pelo contrário, todas as criaturas são diferentes e limitadas em si, e às vezes umas contrárias às outras, de modo que o querer bem a uma significa detestar e querer mal a outra.

Diz *minha pomba* e *minha alindada*, e não minha Esposa, para demonstrar, até mesmo na maneira de nomear, o grande motivo que tinha para amá-la e devotar-lhe um amor tão particular, e para conceder-lhe tantas vantagens, por ser tão alindada, tão suave e de condição tão meiga como a pomba.

Diz: *É única para sua mãe e escolhida para quem a pariu.* Aqui o Esposo imita a maneira comum e vulgar de falar, que consiste em dizer: Assim como a filha amada é todo o deleite e todo o amor de sua mãe, da mesma forma minha Esposa é querida e estimada por mim com a mesma singularidade e especificidade de amor.

Viram-na as filhas e chamaram-na bem-aventurada; as rainhas e as concubinas a elogiaram. Que as demais mulheres de Salomão reconheçam e não invejem a Esposa é uma atitude de muita grandeza e até inesperada, já que as mulheres são, por natureza, extremamente invejosas entre si; mas nas coisas muito superiores a inveja desaparece. Nisto o Esposo demonstra que aquilo que o move a desejá-la não é uma afeição cega, mas uma razão tão clara e tão intensa que as outras mulheres, que naturalmente seriam levadas a invejá-la, confessam com simplicidade que é assim, reconhecendo-a como tal e elogiando-a abertamente. E assim, referindo as palavras das outras mulheres, diz:

9. *Quem é esta que sobe como a aurora, formosa como a lua, escolhida como o sol, terrível como os esquadrões?*

Ainda que sejam palavras breves, trazem um grande elogio, porque juntam três coisas: a manhã, a lua e o sol, que são toda a alegria, regozijo e beleza do mundo. Pois é como se dissesse assim: "Quem é esta que vem por ali olhando para nós, que mais parece a aurora quando surge rósea e linda, e é tão bela entre as mulheres como a lua entre as estrelas menores; ou, melhor dizendo, é resplandecente e escolhida entre todas, como o sol entre os luzeiros do céu?"

Porque, assim como o sol é um príncipe entre todas as luzes soberanas, e escolhido de tal maneira que todas participam e se aproveitam de sua luminosidade, a Esposa é modelo de toda beleza, e quem mais se parecer com ela mais bela será; e, juntamente com sua beleza, possui uma gravidade e majestade que mais parece um esquadrão que a todos impõe reverência e temor.

E ao dizer *escolhida como o sol*, faz alusão à grande beleza dela e à imensa estima que seu Esposo lhe devota, muito maior que a estima pelas outras. E esta é uma maneira muito elegante de elogiar, dizendo primeiramente *aurora*, que é formosa e resplandecente; depois *lua*, que o é bem mais; e, por fim, *sol*, que é o máximo nesse gênero. Os artistas do bem-falar elogiam muito este modo de dizer, e o denominam hipérbole.

10. *Desci ao horto da nogueira para ver os frutos dos vales, e ver se a vinha está dando brotos e se as romãzeiras florescem.*

A maioria dos tradutores atribui estas palavras à Esposa. Nelas, respondendo ao Esposo, lhe diz e presta contas de como ela veio àquele horto onde ele se encontrava, que ela denomina horto *da nogueira* por causa de alguma que devia haver nele, para ver se as árvores frutíferas estavam brotando. E ela diz isto com uma de duas finalidades. Primeira finalidade: como uma espécie de desculpa e pretexto para ir até aquele lugar. Na verdade, o que a atraía era o amor e o desejo de estar com o Esposo, mas é muito próprio da índole natural das mulheres disfarçar seus verdadeiros desejos, fingindo-se esquecidas daquilo que mais buscam. De modo que é como se, respondendo ao Esposo que lhe perguntasse sobre o motivo de sua vinda, dissesse:

"Vim ver este meu horto e verificar se as árvores já estavam florescendo".

Mas um amor tão declarado como este, pelo que vimos, não dá motivo para semelhante dissimulação. E assim é melhor entender que estas palavras têm outra finalidade: são ditas para que o Esposo saiba o motivo do cansaço da Esposa, que, como se verá pelas palavras do próximo versículo, viera correndo e, por causa da pressa, estava sem força e sem alento, e disso ela presta contas e ao mesmo tempo se queixa com ele. Pois é comum acontecer que as pessoas que se amam, ao se encontrarem, principalmente as mulheres, relatem umas às outras, com queixume prazenteiro, suas aflições. E é como se ela dissesse: "Oh, Esposo meu tão desejado e tão buscado por mim! Como estou morta de cansaço por causa da pressa de chegar até aqui! Pois logo que percebi que andavas pelo horto, no qual existem nogueiras, parreiras, romãzeiras e outras árvores frutíferas, desci correndo e vim tão depressa que nem sei como cheguei até aqui. Sei apenas que minha alma me aguilhoou tanto e pôs em meu coração tanta força e rapidez que me parece simplesmente ter vindo num carro velocíssimo como aqueles que os príncipes e poderosos de meu povo utilizam".

A meu ver, parece melhor entender que estas palavras, *desci ao horto*, tenham sido ditas pelo Esposo e que, através delas, ele responde ao secreto ressentimento que ele verossimilmente acreditava que a Esposa alimentava contra ele, por ter-se aproximado de sua porta e tê-la chamado e, depois, passado ao largo, e daí o motivo de ela andar errante à sua procura. Ao que ele, antecipando-se, responde que, como ela demorou em abrir-lhe a porta, ele aproveitou a oportunidade para ver como estava seu horto e providenciar o que fosse necessário. E com esta desculpa do Esposo vêm a calhar muito bem as palavras que se seguem, com as quais a Esposa lhe responde:

11. *Não sei; minha alma deixou-me como os carros de aminadab.*

Minha alma é muitas vezes o mesmo que *minha afeição* e desejo. *Os carros de aminadab*: entendem-se como algo muito rápido e que vai voando, porque *aminadab* não é nome próprio de pessoa ou lugar, como alguns pensam, mas são dois nomes que querem dizer: *de meu povo príncipe*. E diz isso porque, como na região da Judeia havia poucos cavalos, as pessoas em geral usavam asnos como montaria, exceto os poderosos e pessoas importantes, que mandavam trazer do Egito cavalos bons e rápidos e andavam em carros com quatro rodas puxados por eles.

Diz, portanto: "Meu Amado, Esposo, não sei o que ocorreu, nem o que te levou a deixar-me assim, nem a causa do que te moveu a isto, se foi querer ver teu horto, ou se foi alguma outra coisa. Enfim, não sei de nada: só sei que o meu desejo e o amor profundo que tenho por ti, que domina minha alma e a comanda a seu belprazer, me levou a buscar-te logo que te senti, voando a toda velocidade". E, relatando tudo, diz ao Esposo o que aconteceu com as mulheres que a acompanhavam, as quais, vendo-a ir com tanta presteza, diziam:

12. *Volta, volta, Solimitana; volta, volta para que te contemplemos.*

Não devemos entender, como advertem os que possuem maior conhecimento nesta matéria, que as mulheres de Jerusalém dizem estas palavras nesse momento, mas sim que disseram isto antes, quando viram que ela partia tão apressadamente; e que a Esposa as refere agora ao Esposo, contando-lhe isto e tudo o mais que aconteceu com elas. Pois, como ela acabou de dizer que veio voando à procura do Esposo, diz que suas companheiras, vendo que se afastava delas e com tanta pressa, começaram a chamá-la e a pedir que voltasse e não se ausentasse tão rapidamente, pois não a haviam visto inteiramente nem apreciado e observado muito bem sua beleza. E por isso dizem: *Volta, volta*. A repetição das mesmas palavras é algo próprio de tudo o que se diz ou se pede com afeição.

Solimitana é o mesmo que jerosolimitana ou mulher de Jerusalém, da mesma forma que chamamos de romana a mulher de Roma. E isso porque Jerusalém se chamava antigamente *Salém*, como a chama a Sagrada Escritura, onde se diz: *Melquisedec, rei de Salém* (Gn 14,18); e Davi também a chamou assim no Salmo 76. A esse pedido das mulheres a Esposa responde, dizendo:

13. *O que olhais na Solimitana, como coros de esquadrões?*

Quanto a esta passagem também existem diferenças de interpretação. Alguns a compreendem como jogo de pergunta e resposta. A Esposa teria perguntado, voltando-se para as companheiras que a chamavam com insistência: "Pois o que quereis ver em mim?" Ao que elas respondem: "Vemos em ti um coro de esquadrões", isto é, algo de aparência tão bela e com poder para subjugar os que te olham e sujeitá-los às tuas ordens, como o é um esquadrão em boa ordem e disposição.

Considero mais correto fazer de tudo isso uma única sentença em que a Esposa fala desta maneira: "Como me chamaram, voltei-me para elas; e elas, para olhar-me melhor, dividiram-se em dois grupos e formaram duas fileiras, como um coro, e então eu lhes disse: Por que me olhais assim, postas de um lado e de outro, como um esquadrão disposto em fileiras?" De modo que se pressupõe que a Esposa se voltou para elas e que elas se dividiram em dois grupos para vê-la melhor. Por isso chama-as de *esquadrão* porque eram muitas e de *coro* por estarem assim divididas.

O que ela diz que lhe responderam está no capítulo seguinte, ocupando a maior parte dele.

Capítulo VII

1. (Coro) *Como são lindos os teus passos em tuas sandálias, filha do príncipe! Os contornos das tuas coxas são como pulseiras, obra da mão de um artesão.*

2. *Teu umbigo é como uma taça de lua, que não está vazia. Teu ventre é como um monte de trigo cercado de violetas.*

3. *Teus dois seios são como dois filhotes gêmeos de cabra.*

4. *Teu pescoço é como uma torre de marfim; os teus olhos são como os tanques de Hesebon, junto à porta de Bat-Rabim; teu nariz é como a torre do Líbano, voltada de frente para Damasco.*

5. *Tua cabeça sobressai como o Carmelo e as madeixas de tua cabeça são como a púrpura. O rei está atado nos regos.*

6. *Como estás linda! Como és doce, Amada, nos deleites!*

7. *Este teu porte é semelhante à palmeira e os teus seios aos cachos da videira. Eu disse: Subirei na palmeira e agarrarei seus cachos; e os teus seios serão como os cachos da videira e o hálito de tua boca será como o aroma das maçãs.*

8. *O teu aroma é como bom vinho, que escoa para o meu Amado como deve ser, que faz falar lábios de dormentes.*

9. (Esposa) *Eu sou do meu Amado, e o seu desejo é para mim.*

10. *Vem, meu Amado, saiamos para o campo, vamos morar nas granjas.*

11. *Levantemo-nos cedo (para ir) às vinhas; vamos ver se a videira floresce, se já aparece a uva miúda, se brotaram as romãzeiras. Ali te darei meus amores.*

12. *(E veremos) se as mandrágoras exalam aroma. Porque todos os frutos doces, tanto os novos quanto os velhos, meu Amado, eu os guardei em minhas portas para ti.*

Exposição

A Esposa prossegue sua narrativa e diz ao Esposo que, como as mulheres lhe pediram que se detivesse um pouco e se voltasse para elas, ela atendeu ao pedido: voltou o rosto para elas e perguntou-lhes o que queriam dela e o motivo por que a olhavam dessa maneira. Ela, como que informando sobre o justo pedido e o ardente desejo das mulheres, diz que, em resposta, elas começaram a elogiar-lhe com muitos detalhes e exagero sua graça e elegância, referindo todas as suas perfeições uma por uma, desde a maior até a menor. Isto deve corresponder à admiração que demonstraram por sua beleza e aos elogios que as pessoas do povo lhe teceram quando, vindo do Egito, entrou em Jerusalém pela segunda vez.

Pois começam pelos pés, cuja ligeireza e presteza acabam de ver então, e chegam até à cabeça, para ir do menor ao maior, o que é uma maneira galante de elogiar. E dizem assim:

1. *Como são lindos os teus pés em tuas sandálias, filha do príncipe!*

Elogiam a graça e o movimento, o belo formato dos pés e o calçado sob medida, que vinham a calhar muito naturalmente na Esposa. E o dizem não de qualquer maneira, mas em tom de admiração, para demonstrar que os pés da Esposa eram extremamente graciosos.

Filha do príncipe: que, além de lhe convir por sua linhagem e estado, é um título que damos comumente a toda mulher cuja excelência queremos elogiar. Além disso, é preciso reparar que nesta passagem a palavra hebraica não é *melek*, com a qual se costumam nomear os reis na Sagrada Escritura, mas *nadib*, que os Setenta Intérpretes, não sem mistério, deixaram assim no original na tradução que realizaram. *Nadib* quer dizer propriamente *generoso de coração* e *liberal*. E da mesma maneira que nós chamamos o príncipe de príncipe por ele ser de fato o principal entre todos os outros, como a própria palavra o diz, os hebreus o chamaram *nadib*, que quer dizer *o nobre, o liberal, o de coração generoso*, porque estas são virtudes próprias do príncipe e nas quais ele deve destacar-se entre todos os demais.

Assim, de acordo com a origem e o sentido da palavra hebraica, aqui a Esposa é filha do nobre e do generoso. E, juntamente com isso, é um uso muito comum naquela língua, quando se quer atribuir a alguma pessoa alguma virtude ou vício, chamá-la de filho dessa virtude ou vício, como, por exemplo, chamar o pacífico de *filho da paz* e o belicoso de *filho da guerra*. Sendo assim, dizer que a Esposa é filha do magnânimo e generoso significa dizer que ela é magnânima e generosa, e equivale a chamá-la de nobre e galharda de coração. E assim o texto dirá o seguinte: "Como são lindos os teus passos, como são graciosos os teus pés e com quanta graciosidade os moves, tu que tens um coração galhardo e generoso!" Como se dissessem que, através do elegante meneio do corpo, a Esposa mostrava bem a lindeza e galhardia e nobreza de seu coração. Porque esta virtude, mais que qualquer outra, se mostra e se dá a conhecer no movimento e majestosa graça do corpo.

Em sentido espiritual, tudo isto contém um grande mistério e verdade: chamar os justos e toda a Igreja de filha do *Nobre* e do *Magnânimo*, porque são filhos de Deus, e não por ter nascido assim, nem por merecê-lo por suas obras, mas somente pela grande magnanimidade e generosidade de Deus. Porque, embora o justo que já é justo e filho obtenha muitos méritos junto a Deus, a condição de ser filho ninguém a mereceu para si; mas Cristo derramou generosamente seu sangue por nós e, com o dom de seu sangue, alcançou a graça para todos nós.

O contorno das tuas coxas é como pulseiras feitas por mão de artesão.

Aqui o Espírito Santo chega a tantas particularidades que até nos espanta. Tendo citado a beleza dos pés, passa a elogiar ordenadamente o belo feitio das pernas e das coxas da Esposa, dizendo: *O contorno das tuas pernas e coxas é como uma pulseira muito bem-ajustada por mão de mestre.* E diz isto por causa da espessura e solidez das pernas que não eram finas, mas roliças, bem-feitas e redondas; de tal maneira que, se um artista fizesse uma pulseira ou colar perfeitamente redondo e o colocasse nas pernas da Esposa, ele ficaria bem-ajustado e a carne delas preencheria todo o círculo.

Onde dizemos *contorno*, a palavra hebraica é *ha-muk*, que quer dizer *curvatura*, *contorno* ou *redondez*;

e, por isso, alguns entendem as articulações e dobras do joelho onde a coxa se encaixa e traduzem assim: *no movimento de tuas coxas*. Não quer dizer mais do que o sentido literal: a redondez das coxas e o volume delas, de beleza maciça e roliça e de graciosa perfeição. Os Setenta Intérpretes expressaram-no com muita precisão, ao dizerem *rythmoi tôn moriôn*, porque *rythmos* em grego é toda boa proporção e harmonia das partes entre si. Pode-se ver bem, por sobre as vestes, o volume e o feitio das coxas, ainda mais quando se anda depressa e contra o vento. Mas não sei como as companheiras puderam adivinhar o que vem a seguir.

2. *Teu umbigo é como um vaso de lua, que não está vazio.*

Não está vazio: ou seja, não lhe falta mistura. *Vaso de lua*: quer dizer, em formato de lua, ou seja, perfeitamente redondo. *Mistura*: entende-se vinho misturado com água. Quer dizer, portanto: sobre estas duas formosas colunas que são tuas pernas está assentado o edifício de teu corpo. A primeira parte dele é o teu umbigo e ventre, que é harmoniosamente proporcional porque parece uma taça tão redonda como a lua; e esta taça está sempre cheia de mistura, ou seja, de vinho aguado para beber. Assim, nem mais nem menos, é o teu ventre redondo, bem-feito, nem flácido nem magro, mas cheio de uma energia que nunca lhe falta. E, para enfatizar esse elogio ao ventre, completa: *Teu ventre é como um monte de trigo rodeado de violetas*. E esta é uma comparação muito elegante, porque o monte de trigo está inteiramente arredondado por não possuir nenhum buraco ou cavidade, já que os grãos de trigo imediatamente a preenchem. As companheiras dizem, portanto, que o ventre da Esposa é cheio por igual e saliente.

Sobem do ventre para os seios, que vêm pela ordem no edifício do corpo, e dizem:

3. *Teus seios são como dois cabritos gêmeos.*

Já me ocupei acima com essa comparação. Acima dos seios está o pescoço e por isso acrescentam:

4. *Teu pescoço é como uma torre de marfim.*

Isto significa que ele é longo, branco, liso e bemformado, que é tudo o que um pescoço pode ter de bom para ser belo.

A Igreja, como nos ensina o Apóstolo, é como um corpo, cuja cabeça é Cristo e no qual a diferença de estados e vidas faz o mesmo que os diferentes membros fazem no corpo físico. O *pescoço*, por onde se recebe o alimento e por onde sai a palavra, são na Igreja os pregadores, que recebem o alimento do Espírito Santo e o comunicam aos outros através de palavras. E eles devem ser como torre de marfim, isto é, firmes e cândidos e sem mácula de engano em sua doutrina, e não deixar, por medo, de dizer claramente o que devem, nem obscurecer, com belos florilégios ou com palavras rebuscadas para o puro prazer dos ouvintes, a simplicidade e pureza da santa doutrina e a verdade não artificiosa do Evangelho. E dizem mais:

Os teus olhos são como os tanques de Hesebon, junto à porta de Bat-Rabim.

Vê-se, através desta imagem, que os olhos da Esposa eram grandes, redondos e rasgados, cheios de tranquilidade e esplendor, pois todas estas qualidades se mostram e podem ser vistas num tanque cheio de água clara e tranquila. *Hesebon* é uma cidade tranquila e amena de Israel, que os hebreus tomaram de Seon, rei dos amorreus (Nm 21,21-30). E estes tanques aqui citados estavam situados junto à porta de Bat-Rabim, que significa *filha da multidão*. E ela é chamada assim porque, logo à sua entrada, havia uma grande praça. E, segundo se deduz de muitas passagens da Sagrada Escritura, antigamente as praças e as casas de consistório ou assembleia, que agora se localizam no centro da cidade, naquele tempo situavam-se junto às portas. Por isso a praça, por estar junto à porta, dava seu nome à porta; e, por ser grande, seu nome era *Bat-Rabim*, que, como dissemos, significa filha de muitos ou da multidão. Porque os hebreus, no seu uso e maneira de falar, usam a palavra filho para diversas coisas: por exemplo, para dizer muito sábio, dizem filho da sabedoria e, para dizer muito mau, dizem filho da maldade. E as companheiras dizem mais:

O vulto de teu rosto é como a torre do Líbano.

São Jerônimo e os demais traduzem aqui *teu nariz*. A palavra hebraica *aph* admite ambos os sentidos e quer dizer tanto *nariz* quanto *todo o rosto*. Dentre estas duas possibilidades, parece-me melhor entender *aph* como a configuração de todo o rosto. Porque não sei se é muito conveniente comparar um nariz a toda uma torre, mas é muito conveniente se se compara a uma torre o semblante da Esposa, altivo, formoso e cheio de majestade e elegância.

Se entendermos *aph* como o *nariz*, diremos assim: *O teu nariz é semelhante à torre do Líbano, voltada para Damasco.* Essa torre fora construída sobre aquele monte tão lembrado e celebrado por sua amenidade e fertilidade e era muito resistente porque servia de atalaia para as fronteiras de Damasco, capital da Síria. O texto diz, portanto: Este teu nariz belo e bem-feito, que avulta de teu gracioso rosto, é como aquela torre bela e resistente que se ergue sobre o fértil monte Líbano.

5. *Tua cabeça sobressai como o Carmelo.*

Considerando a Esposa a partir dos pés, a última parte é *a cabeça*. E aqui chamamos cabeça a parte superior da mesma, ou seja, o crânio, onde nascem os cabelos, e por isso diz-se literalmente: *A tua cabeça, que está sobre ti*; o que significa dizer: O alto da tua cabeça é tão belo e elegante *como o monte Carmelo*, que é um monte muito alto na terra de Israel, bastante decantado na Escritura porque nele estiveram muitas vezes os profetas Elias e Eliseu.

E para denotar como a Esposa é uma mulher elegante e esbelta, dizem que sua cabeça sobrepuja as outras como o cume do monte Carmelo sobrepuja os outros montes. A palavra hebraica *Carmel* significa três coisas: *espiga cheia, grão* e *o monte* supracitado. E por isso os doutores traduzem esta passagem de modo diferente; e, ainda que em qualquer um dos três sentidos a comparação esteja correta, a nossa opção é a melhor e a mais aceita. E acrescentam:

Os cabelos de tua cabeça são como a púrpura. O rei está atado nos regos.

Esta passagem é cheia de dificuldades por si mesma, e mais ainda por causa da variedade de traduções e interpretações. A palavra hebraica *reatim* quer dizer *vigas* ou *tábuas finas e pequenas* e por isso significa o teto de um edifício, feito de artesões, obra de estilo mourisco, composta de muitas peças pequenas. Também significa os *canais* compridos e estreitos feitos de madeira, por onde se costuma conduzir a água. E, por causa desta diferença, uns e outros traduzem de maneira muito diferente. Os primeiros leem desta maneira: *Teus cabelos são como a púrpura ou carmesim do rei, presa às vigas* ou artesões; ou seja, os cabelos da Esposa, em sua lindeza e formosura, são semelhantes às franjas de seda ou carmesim dos dosséis e da tapeçaria real, que pende do teto e dos artesões da casa. Outros leem desta maneira: *Teus cabelos são como a púrpura real posta nos canais*; e com isto entendem os vasos onde os tintureiros colocam a seda ou grã, quando a tingem, porque então, sendo mais nova, estará mais vistosa e com mais brilho.

No entanto, se olharmos a significação exata do texto hebraico, nem uns nem outros traduzem bem, porque a leitura deve ser a seguinte: *Os cabelos sobre tua cabeça são como púrpura*, e aqui colocar um ponto-final. E acrescentar em seguida com uma nova frase: *O rei (está) agarrado e preso aos canais*, o que significa dizer: pendente, por amor e afeição, dos mesmos cabelos, designados pela palavra *canais*. Porque neles a água, quando corre, vai se encrespando e formam uns altos e baixos muito semelhantes aos que aparecem nos cabelos compridos e formosos, que, soltos sobre os ombros, com o movimento produzem uma espécie de ondulações muito graciosas. E esta maneira de ler o texto, além de ser a mais apropriada, realça melhor que qualquer outra a beleza dos cabelos, que aqui se pretende elogiar; porque, além de dizer que são lindos e vistosos como púrpura – o que é dizer muito, como exporemos mais adiante –, diz que são um laço e uma espécie de corrente, na qual, por causa de sua inestimável beleza, está preso o rei, isto é, Salomão, seu esposo.

E, seguindo este texto literalmente, para melhor entender a comparação, é preciso advertir que a púrpura antiga, da qual não temos informação de que seja hoje utilizada, possuía duas características: era delicadamente vermelha e reluzia de longe, como o carmesim que os pintores colocam sobre o ouro ou a prata. De acordo com isto, aquelas mulheres comparam o cabelo da Esposa à púrpura porque os cabelos deviam ser castanhos, cor que, embora não seja um vermelho perfeito, tende mais para essa coloração do que para qualquer outra; e porque nas terras quentes, como são as da Ásia, não se aprecia o cabelo loiro, sendo que nos homens cai muito bem o preto e nas mulheres o preto ou castanho, como elas o costumam cuidar, e como hoje em dia o usam as mouriscas. Por isso elogiam aqui os cabelos dessa cor, e mais ainda o seu resplendor; e nisto eram muito semelhantes à púrpura. Porque vemos que a cor castanha e outras que se parecem com ela produzem uma luminosidade avermelhada, assim como a luminosidade do amarelo tende ao branco e a do verde tende ao preto. Pois aqui dizem à Esposa que seus cabelos são reluzentes e um pouco vermelhos, como a púrpura, e que são crespos e ondeados como canais ou regueiras em que a água vai dando voltas. E, em seguida, utilizam um modo de falar comum aos enamorados, dizendo: "Nesses caracóis dos teus cabelos trazes preso teu rei, esposo e namorado". O amor transforma estes cabelos na corda que o liga, o que é um elogio delicado e amoroso.

E concluem, dizendo:

6. *Como estás linda! Como és doce, Amada, nos deleites!*

Esta é uma cláusula sentenciosa que arremata tudo o que foi dito neste capítulo – cláusula a que os retóricos dão o nome de *epifonema* – e que vai misturada com uma grande admiração. Pois é natural, depois de ter visto ou esmiuçado por palavras alguma coisa muito boa ou bela, que o espírito daquele que a vê ou trata prorrompa em espanto e admiração. Por isso dizem aquelas mulheres: "Para que seguir particularizando tuas graças? Pois é coisa de fazer perder o juízo ver o quanto és doce, linda e deleitosa em todas as tuas coisas e em tudo o que fazes; enfim, és o extremo da doçura e da beleza". E isto foi um arremate do que foi dito antes e deu um novo princípio ao que restava por dizer. Por isso acrescentam:

7. *Este teu porte é semelhante à palmeira e os teus seios aos cachos. Eu disse: Subirei na palmeira e agarrarei seus cachos; e os teus seios serão como os cachos da videira e o hálito de tua boca será como o aroma das maçãs.*

Este teu porte, isto é, tua galhardia e teu corpo bem-formado, *é semelhante à palmeira*, que é uma árvore alta, reta e formosa, *e teus seios aos cachos*. É preciso entender cachos de alguma *videira* ou parreira que, encostada à palmeira e abraçada a ela, sobe pelo tronco, dando voltas e encarrapitando-se com seus sarmentos. E, assim como os cachos da videira parecem estar presos à palmeira e pender dela, assim teus dois seios avultam e parecem pender de tua graciosa figura. E porque é natural que a beleza acenda o desejo em qualquer um que a conheça e porque é comum as mulheres, ao falar de alguma outra mulher bela e graciosa que muito lhes agrada, dizerem: "Estava tão linda que eu queria aproximar-me dela para dar-lhe mil abraços e beijos", Salomão, seguindo e imitando este afeto, acrescenta com singular graça e propriedade:

Eu disse: Subirei na palmeira. São palavras que cada uma das mulheres diz para si, mostrando com elegância o intenso desejo e afeição que tinham em possuí-la, desejo que a Esposa, com sua formosura, despertava nelas e em todos os que a viam. Que é como dizer: "És tão esbelta e linda como uma palmeira. Oh! Quem me dera subir nela e agarrar seus altos ramos!"

Eu disse. Ou seja, a mim e a todos os que te veem, inflamados por tua beleza, o desejo e o coração nos dizem: "Oh! Quem me dera te alcançar e te possuir; quem me dera poder chegar a ti e, enlaçando-me em teus braços e dando-te mil beijos, colher o doce fruto de teus seios e de tua boca!" E dizem assim: *E serão*, ou seja: e são (coloca-se o tempo futuro em lugar do presente); portanto, *os teus seios são como cachos de videira*, isto é, frescos e perfumados, rijos e de gracioso e mediano tamanho.

E o aroma de tua boca será como o aroma de maçãs, que é um aroma extremamente suave e aprazível. Ou podemos fazer de tudo isso um raciocínio único e contínuo, que pode ser expresso da seguinte maneira: "És linda como uma palmeira. Ah! Quero aproximar-me dela e agarrar seus ramos altos e subirei até seu topo".

E teus seios serão para mim como cachos de videira: alegrar-me-ei e deleitar-me-ei com eles, tratando-os como frescos e densos cachos de uvas. Colherei o alento de tua boca, mais perfumada do que as maçãs; sentirei o gosto de tua língua e de teu paladar que deleita, alegra e embriaga com sua doçura e afeição mais do que o melhor vinho, e que dá mais gosto a meu Amado quanto mais sabor encontra nele e mais doce o sente; e bebe tanto que, depois, fala com os lábios trêmulos e desconexamente, como se estivesse dormindo. Dizer isto assim é chegar ao máximo de tudo o que pode e costuma dizer um desejo semelhante. Esta é a explicação.

Nas palavras em que se compara o paladar ao vinho existe alguma obscuridade, porque se diz assim:

8. *O teu paladar é como bom vinho, que escoa para o meu amigo como deve ser; faz falar com lábios dormentes.*

Que escoa para o meu amigo: ou seja, como é aquele que meu amigo toma ou bebe; que é como dizer em nossa língua *meu colega* ou *fulano*, palavra que não designa uma pessoa específica, e confusamente designa todas.

Diz: *que escoa como deve ser*. A palavra hebraica é *lemesarim*, que quer dizer *corretamente*, ou *de acordo*, ou *como deve ser*, e que pode ser entendida de duas maneiras: no primeiro sentido, significa dizer que se bebe como se deve ou corretamente, e com razão, por causa da qualidade e excelência do vinho; no segundo sentido, dizer que *o vinho escoa como deve ser* significa que ele entra de um só gole, doce e suavemente, pela garganta e dali sobe à cabeça. E esta é uma forma utilizada no hebraico, que corresponde àquilo que costumamos entender em nossa língua quando, ao falar de um vinho que é bom no gosto e, logo depois de bebido, faz seu efeito, dizemos que ele desce sem a gente sentir ou desce redondo. Salomão usa essa mesma maneira de falar no Livro dos Provérbios (23,31), dizendo: *Não olhes para o vinho quando se torna vermelho e toma sua cor e escoa como deve ser*; como se dissesse: *e desce docemente sem a gente sentir*. E com isso combina muito bem o que vem logo a seguir: *E faz falar os lábios de dormentes*; como se dissesse que, por descer suavemente, depois embriaga e faz falar desconexamente, como costumam falar os que estão vencidos pelo sono. Pois o vinho bom e suave costuma levar a pessoa a beber como se fosse água e, depois de ter subido à cabeça e feito a razão devanear, trava a língua e corta as palavras e confunde as letras e turva toda a ordem da boa pronúncia.

9. *Eu sou do meu Amado, e o seu desejo é para mim.*

Estas palavras a Esposa as diz propriamente a respeito de si mesma, de sorte que, tendo relatado ao Esposo as coisas que as mulheres lhe disseram como elogio, volta-se para ele e diz o que ela então lhes respondeu ou o que agora lhe convém dizer, que é como se dissesse: "Que eu vos pareça formosa e linda, nisso não me intrometo; o que sei é que, tal qual sou, sou toda do meu Amado e ele não deseja nem ama outra coisa a não ser a mim". Seria de esperar que, por ser tão soberanamente elogiada, ela pudesse desvanecer-se um tanto e, voltando-se sobre si mesma, amar-se desordenadamente e pensar que, se seu Esposo a amava, isso era sua obrigação; mas estas palavras, ditas assim nesta conjuntura, mostram e realçam o excessivo amor que ela devotava ao Esposo, porque, ao ser elogiada dessa maneira, a primeira coisa de que se lembrou foi do Esposo, como que dizendo: "Isso e qualquer outro bem que houver em mim, tudo isso é do meu Amado. Tudo pertence a ele e tudo eu quero para ele, e não há possibilidade de eu querer a um outro. E que ninguém pense nem deseje possuir-me, nem o diga, porque eu sou e serei toda de meu Amado e ele é meu: quem me quer bem, queira bem a ele, porque eu não sou mais do que ele quer que eu seja".

Isso é segundo a letra, porque, segundo o entendimento velado do espírito, é o humilde reconhecimento, por parte de toda alma cristã e santa, de que todo bem e toda riqueza que possui é de Deus e para Deus. E por isso diz: "Eu, se sou alguma coisa, o sou para benefício de meu Amado, e o desejo e amor que ele tem por mim é o que me embeleza e enriquece".

Eu sou do meu Amado: entendemos haver três condições e diferenças no amor entre duas pessoas: uma, quando fingem que se querem bem, mas não se querem e vivem enganando-se um ao outro com palavras e demonstrações amorosas; outra, quando uma delas ama de verdade e a outra mostra querer corresponder-lhe, mas de fato não lhe corresponde; a terceira, quando ambos querem e são queridos no mesmo grau e medida.

Do primeiro caso não é preciso tratar, porque o amor deles não é amor, mas puro fingimento e embuste, e recebem em troca o que fazem. E, embora ambos prejudiquem e profanem a virtude, a verdade e a santidade do amor, cujo nome usurpam e cujas características imitam, estando tão distantes de suas obras, nenhum ofende o outro nem tem motivo para queixar-se do companheiro, porque, na arte de mentir um ao outro, ambos se igualam.

O segundo estado, em que aquele que ama não é amado, é mais infeliz e penoso do que qualquer outro que haja sob o céu, porque nele se juntam culpa e sofrimento, que são todos os males em seu grau máximo. O sofrimento padece-o aquele que ama e a culpa comete-a aquele que não corresponde ao seu amado. E entenderemos como é grande cada um destes males em seu âmbito se primeiramente nos dermos conta do seguinte: alguém amar outra pessoa não é senão entregar e ceder todos os seus bens à pessoa amada, desapossando-se assim de si mesmo e transferindo para a outra parte a posse desses bens e de toda a sua alma. E é evidente que isso seja assim, porque o amar consiste em entregar a vontade a quem se ama, e a vontade é a senhora que manda e rege, e somente ela move e maneja tudo o que está na casa do homem. Daí segue-se que amar é entregar-se totalmente, porque é entregar a vontade, que é a senhora de tudo. Toca-se esta verdade com as mãos e com a experiência, porque vemos que aquele que ama de verdade não vive em si, mas naquele que ele ama: sempre pensa nele e fala dele; sua vontade é a vontade do amado, sem saber querer outra coisa e sem poder querê-la. Isso é sinal evidente de que ele não mais se pertence, mas pertence ao outro, já está entregue ao poder e arbítrio do outro.

Pressuposto isso, entende-se primeiramente o incomparável mal e dano que padece a pessoa que não é amada, porque ela se vê despossuída de si mesma e entregue sem remédio ao poder de outra pessoa; e que o senhor de seu coração se apodera de maneira vil e injusta daquela entrega, e sem correspondência nem restituição alguma. E, se é penoso para alguém ver-se despojado de sua honra e bens, é fácil imaginar quanto maior será o sofrimento do pobre que se vê despojado não só da honra e dos bens, mas também de si mesmo. E, se o sofrimento sem culpa provoca maior mágoa, que dor não sentirá aquele que de um bom serviço recebe má recompensa, e aquele que, semeando amor, colhe frutos de desdém e ódio?

Ao contrário, e seguindo os mesmos passos, entende-se em segundo lugar o muito que peca e a grande vileza e indignidade que comete aquele que, sendo amado, ou não ama ou não fala abertamente a verdade ao triste amante. Porque, se é delito roubar o manto e se é pecado macular a fama alheia, o que não será tu te apoderares injusta e dolosamente de tudo ao mesmo tempo – da fama, dos bens, da vida e da alma e, finalmente, de toda uma pessoa que nasceu livre e se vendeu a ti para adquirir por este preço uma parte de tua vontade – e receberes o preço e fugires com ele e com toda a mercadoria? E, se a verdadeira caridade é nobre, mesmo com os que ela não conhece, e estende sua virtude e seus benefícios até aos inimigos e malquerentes, que palavras poderão realçar a baixeza ou, melhor dizendo, a crueldade e brutalidade da pessoa que paga o amor com desamor e rouba a liberdade de quem a oferece e foge com ela rindo e tira vantagem de seu melhor amigo, retribuindo a pureza, a simplicidade e a claridade do verdadeiro amor com um milhão de enganos e embustes? Por isso, cada um se confesse culpável, mesmo nenhum outro lho diga, mesmo que aquele que ama seja pessoa baixa.

Porque é preciso compreender o seguinte: entre duas pessoas, ainda que nas demais qualidades que se adquirem pelo trabalho ou profissão ou por boa sorte ou por herança possa haver e haja notáveis diferenças, a partir do momento em que elas se uniram pelo amor e pela vontade, já que em todos a vontade é livre e soberana, nela todos são iguais, sem que um deva ter vantagem sobre o outro por serem de diferente estado e condição. Assim, a dívida de meu amor só pode ser paga com outro amor tão nobre e tão grande como o meu. E isto é tão verdadeiro que só existe uma coisa que, por sua incomparável superioridade, poderia estar fora desta conta: Deus, princípio de todo bem e bem sem fim. Mas, mesmo ele se iguala a nós neste ponto e se dá por satisfeito oferecendo-nos um tanto de sua vontade em troca de outro tanto da nossa. E por isso disse (Pr 8,17): *Eu amo aqueles que me amam*; e em outra parte (Jo 14,21): *Quem me ama será amado por meu Pai.* Nisto se mostra a grande ofensa daquele que não ama, e o mal que padece aquele que não é amado.

Resta-nos dizer algo sobre o terceiro estado, que é o mais ditoso de todos. Porque, certamente, a vida mais feliz que se pode viver aqui é a de duas pessoas que se amam, que é um retrato muito semelhante e muito próximo da vida do céu, para onde vão e de onde vêm chamas do divino amor, no qual, amando e sendo amados, os bem-aventurados se abrasam. E a consonância de duas vontades que amorosamente se correspondem é uma melodia suavíssima que supera toda a música mais primorosa. Porque os que amam como os primeiros que mencionamos não são homens; e os que amam como os segundos são homens ou desgraçados ou maus; somente para os terceiros fica reservada a felicidade e boa sorte, que, segundo os sábios, consiste em ter o ser humano todo o bem que deseja; e aquele que ama e é amado, nem deseja mais do que aquilo que ama, nem lhe falta nada daquilo que deseja.

A Esposa experimentava este bem-aventurado amor e por isso disse: *Eu sou do meu Amado e o seu amor é para mim.*

E, dito isto, convida-o a sair com ela para viver e morar no campo, fugindo do estorvo e inquietude das cidades; e para que, sem ninguém para perturbá-los, se desfrutem mutuamente e desfrutem os bens e prazeres da vida do campo, que são muitos e variados, dos quais a Esposa menciona alguns, dizendo:

10. *Vem, meu Amado; vamos ao campo, vamos morar nas granjas.*

11. *Levantemo-nos cedo para ir às vinhas; vamos ver se a videira floresce, se já aparece a uva miúda, se brotam as romãzeiras.*

Todas essas coisas são motivos de grande prazer e distração. Porém, a maior de todas e o que ela mais pretende é poderem desfrutar um do outro a sós e sem o estorvo de ninguém, o que para os que se amam de verdade é um tormento comparável à morte. E por isso diz: *Ali te darei meus amores.*

12. *(E veremos) se as mandrágoras exalam aroma. Porque todos os frutos, tanto os novos quanto os velhos, meu Amado, eu os guardei em minha porta para ti.*

Como se dissesse: Além destes prazeres e passatempos que teremos ao desfrutar o campo e ficar vendo como florescem as árvores, não nos faltarão bons alimentos, doces e saborosas frutas, tanto das frescas e recém-colhidas como das guardadas, que são riquezas que costumam ser abundantes na vida rústica. E tudo isso, diz ela, eu o guardarei para ti em minha casa e dentro de minhas portas e o prepararei para ti.

Capítulo VIII

1. (Esposa) *Quem te me dará como irmão meu, amamentado nos seios de minha mãe? Encontrando-te fora, eu te beijaria, e também não me desprezariam.*

2. *Eu te introduziria na casa de minha mãe e tu me ensinarias. Eu te daria a beber do vinho aromatizado e do sumo de nossas romãs.*

3. *Sua esquerda debaixo da minha cabeça e sua destra me abraçará.*

4. (Esposo) *Conjuro-vos, filhas de Jerusalém: Por que despertareis e por que perturbareis a Amada antes que ela o queira?*

5. (Companheiros) *Quem é esta que sobe do deserto, recostada em seu Amado?*

(Esposa) *Debaixo da macieira te despertei. Ali tua mãe te pariu; ali esteve em trabalho de parto aquela que te pariu.*

6. (Esposo) *Põe-me como selo sobre o teu coração, como selo sobre o teu braço, porque o amor é forte como a morte, os ciúmes são resistentes como o inferno, suas brasas são brasas do fogo de Deus.*

7. *Muitas águas não podem matar o amor, nem os rios o podem afogar. Se o homem desse todos os bens de sua casa pelo amor, desprezando os desprezará.*

8. (Esposa) *Nossa irmã é pequena e ainda não tem seios. O que faremos à nossa irmã quando falarem dela?*

9. *Se ela for um muro, nós lhe edificaremos um palácio de prata. Se for uma porta, nós a reforçaremos com uma tábua de cedro.*

10. *Eu sou um muro e meus seios são torres; por isso fui aos seus olhos como aquela que encontra a paz.*

11. *Salomão teve uma vinha em Baal-Hamon; entregou a vinha aos guardas e cada qual trazia mil moedas de prata pelo fruto.*

12. *A minha vinha é só minha e está a meu dispor; mil (moedas) para ti, Salomão, e duzentas para os que guardam seu fruto.*

13. (Esposo) *Estando tu no horto e os companheiros escutando, deixa-me ouvir tua voz.*

14. (Esposa) *Foge, Amado meu, e sê semelhante à cabra montesa e aos filhotes de corça dos montes dos aromas!*

Exposição

1. *Quem te me dará como irmão meu, amamentado nos seios de minha mãe?*

Uma das características do verdadeiro amor é que ele cresce incessantemente: quanto mais o experimentamos, mais o desejamos e mais o apreciamos. Com o amor falso e vil acontece o contrário: é fastidioso e traz uma detestável saturação.

Vimos os processos deste nobre amor, do qual estamos tratando aqui: inicialmente a Esposa, sentindo falta do Esposo, desejava pelo menos alguns beijos de sua boca; depois de conseguir a presença, a fala e os agrados dele, desejou tê-lo consigo no campo; e já que o tinha no campo, desfrutando-o a sós sem que ninguém os perturbasse, passa a desejar nunca separar-se dele, mas andar sempre a seu lado, seja no campo seja no povoado, desfrutando seus beijos em qualquer lugar e a qualquer momento. E para demonstrar este desejo e a maneira como queria realizá-lo, a Esposa começa dizendo como que em forma de pergunta: *Quem te me dará como irmão meu?* Esta forma interrogativa na língua hebraica é um discurso típico de almas desejosas e equivale a dizer: *Oxalá!* ou: *Deus queira!* ou: *Quem me dera!* E é aquilo que diz Jeremias: *Quem dará água para minha cabeça?* (Jr 9,1). E Davi diz: *Quem me dera ter asas como as da pomba para voar!* (Sl 55,7).

Assim, a Esposa afirma que, estando a sós com ele e sem o burburinho de outras pessoas, ela desfruta os beijos de seu Esposo e muito se diverte e se alegra com ele. Mas, quando está na presença de outros, ela sente vergonha, como costuma ocorrer com as mulheres. E diz que para ela isso é uma grande privação, já que gostaria de ficar sempre pendurada ao pescoço do Esposo para colher seus beijos sem desgrudar-se dele por um instante sequer. E quisera Deus que ela pudesse agarrá-lo e relacionar-se com ele como se ele fosse uma criança pequena, um irmão seu, filho de sua mãe, que ainda mamasse; porque, se ela o encontrasse na rua nos braços de sua mãe, correria para ele e o cobriria com mil beijos diante de todos que ali estivessem. Porque cobrir as crianças de beijos publicamente é muito comum entre as mulheres e elas não são censuradas por agirem assim e não têm vergonha de fazer-lhes estes agrados nem de mostrar-lhes este amor publicamente. A Esposa almeja ter esta liberdade para beijar seu Esposo e desfrutá-lo. E, insistindo ainda na comparação com a criança, ela prossegue desejosa, dizendo:

2. *Eu te introduziria na casa de minha mãe e tu me ensinarias. Eu te daria a beber do vinho aromatizado e do sumo de nossas romãs.*

Quer dizer: Tendo-te em minha casa, com mil beijos e abraços dar-te-ia a beber vinho doce, vinho misturado com mel e especiarias, e outras coisas que os antigos utilizavam para torná-lo mais suave e menos danoso. E isto é mais uma forma de demonstrar agrado do que uma maneira comum de servir o vinho.

Dar-te-ia também *mosto de romãs*, porque as crianças alegram-se com todas estas coisas doces, e suas mães e irmãs gostam muito de mimoseá-las dessa maneira. E, ao dizer *tu me ensinarias*, é como se dissesse (permanecendo ainda na figura da criança): Tu me contarias tudo o que viste e ouviste na rua e milhares de catarcicos. Porque tudo o que veem ou ouvem as crianças o contam, bem ou mal, da maneira como conseguem, para grande regozijo das mães que os amam.

De acordo com o espírito, o que se apresenta aqui é o grau mais alto e sublime de amor que existe entre Deus e os justos, que consiste em chegar a amá-lo bem, de modo que não receiam nem se abstêm de nenhuma das coisas do mundo, impregnados de uma santa liberdade que não se sujeita às leis dos devaneios e juízos mundanos; antes, rompe com todas e estabelece para si uma lei sobre todas as outras e a segue, porque, ao final, o que vence é a verdade e a razão. Pois os que alcançam este ponto e esta perfeição de graça – que são poucos e raros, que já caminham em espírito de santidade e verdade e que, vivendo uma vida espiritual e fiel, como dizem os santos, não se importam com coisa alguma, mas tanto pública quanto secretamente desfrutam a suavidade destes amores – estes já são irmãos de Jesus Cristo e filhos perfeitos de Deus, como manifesta o Apóstolo dizendo: *Os que são governados pelo espírito de Deus, estes são filhos de Deus* (Rm 8,14). E diz também que *Cristo tem muitos irmãos e Ele é o primogênito entre eles* (Rm 8,29).

Mas é necessário advertir que, ainda que os sobreditos justos, devido ao grande extremo de amor e graça, já tenham liberdade assegurada para amar e servir a Deus aos olhos do mundo, sem temor de seus juízos, eles sentem um prazer particular e uma franca liberdade quando estão a sós com Deus, sem companheiros nem testemunhas. E por isso a esposa diz: *que eu te encontre fora*, pois em todo amor é natural que aqueles que bem se amam amem a solidão e detestem qualquer estorvo causado por companhia e convivência. Porque a vontade daquele que ama e tem presente o objeto amado está totalmente ocupada com a posse de tudo aquilo que ele deseja; e por isso não lhe sobra nem desejo, nem vontade, nem lugar para querer ou pensar em outra coisa. Por isso, tudo aquilo que se interpõe, afastando-o um pouco que seja daquele seu amor e prazer, lhe é molesto e detestável como a morte. Isto ocorre em toda amizade, mas se nota particularmente, mais que em qualquer outra, na amizade que se estabelece entre Deus e a alma do justo. Porque, assim como o bem que se encontra em Deus excede incomparavelmente, por sua acabada perfeição e bondade infinita, o bem que se possa encontrar e desejar nas criaturas, assim também aqueles que, por grande dom de Deus, enamorados deste bem, começam a sentir gosto por ele, passam a desfrutá-lo incomparavelmente mais do que de qualquer outro. Ou, melhor dizendo, não lhes sobra nenhuma vontade, nem entendimento, nem disposição para comprazer-se em outro bem. Quando está ausente, ele é seu único desejo; quando, por misteriosos favores, se faz presente, ardem em fogo vivo; e, enriquecidos com a posse de tamanho bem, consideram desventura e má sorte tudo o que fora dele se lhes apresenta.

E a tal ponto amam a solidão e se enfadam com tudo aquilo que ocupa qualquer parte de sua vontade, por menor que seja, que, se num estado tão bem-aventurado como o deles é possível haver pena ou falta, não sentem outra senão a de seu entendimento e vontade, porque, por sua natural fraqueza e limitação, não conseguem amar suficientemente um bem tão excelente. É por isso que eles, em sua maioria, se afastam dos negócios desta vida, fogem do trato e convívio com os seres humanos, desterram-se das cidades e amam os desertos e montes, vivendo nos bosques, aparentemente sozinhos e esquecidos. Porém, na verdade, vivem alegres e contentes, e tanto mais porque, vivendo assim, estão mais seguros de que nada lhes poderá interromper o fio de seu bem-aventurado pensamento e desejo, que continuamente lhes fere o coração e os faz dizer com a Esposa: *Oxalá, meu irmão, amamentado nos seios de minha mãe, eu te encontre fora* etc.

Deus está em toda parte, e tudo de bom e belo que se oferece aos nossos olhos no céu e na terra e em todas as demais criaturas é um resplendor de sua divindade; e ele, por misterioso e oculto poder, está presente em todas e se comunica com todas. Mas estar Deus assim é estar aprisionado; e o que dele se vê, ainda que seja perfeito por ser dele, é visto através de meios limitados e estreitos e por isso é visto imperfeitamente e amado mais perigosamente. Por isso, a Esposa quer tê-lo fora, ou seja, desfrutá-lo sem medo nem intermediação de ninguém e sem ir mendigando e como que farejando sua beleza nas criaturas; e visto assim, em sua essência e grandeza e perfeição, trazê-lo para junto de si e abraçá-lo com um novo e entranhável amor e introduzi-lo em sua casa e no mais profundo de sua alma, até transformar-se toda nele e tornar-se uma só coisa com ele, como diz o Apóstolo: *Quem se une a Deus faz-se um só espírito com Ele* (1Cor 6,17). E então se verá a verdade do que acrescenta: *e ninguém me desprezará*; porque, como diz São Paulo: *Tudo aquilo que se vive aqui está sujeito à vaidade e ao escárnio; mas aquele dia será o dia que retornará para a honra da virtude, e revelará a glória dos filhos de Deus* (Rm 8,20-21).

Mas já é tempo de retornar ao nosso propósito. Diz a Esposa:

3. *Sua esquerda debaixo da minha cabeça e sua destra me abraçará.*

É próprio do coração enternecido pela paixão do amor desejar muito e, vendo a impossibilidade ou dificuldade de seu desejo, perder as forças e desfalecer. Ao que parece, a Esposa estava no campo com o Esposo e, embora o desfrutasse, desejava desfrutá-lo com mais liberdade e sem estar obrigada a esconder-se de ninguém, como já declarou acima. Mas, vendo que lhe faltava aquela facilidade para gozar totalmente de seu Amado, desfalece de uma angústia amorosa, como já lhe ocorrera outras vezes em afetos semelhantes. E, como para todas as suas aflições o único remédio é seu Esposo, no momento de seu desfalecimento pede o prazeroso socorro de seu abraço, como ocorrera por ocasião do outro desfalecimento de que já falamos, onde expusemos este texto e parte do que segue[13]. Apenas é preciso observar um ponto naquilo que diz o Esposo.

---

13. Cap. 2, vers. 6.

4. *Conjuro-vos, filhas de Jerusalém: Por que despertareis e por que perturbareis a Amada antes que ela
o queira?*

A pergunta *por quê?* equivale a rogar proibindo; e,
por isso, dizer: *Por que despertareis e por que perturbeis?*
é o mesmo que dizer: *não desperteis, não perturbeis.* Estrutura similar pode ser encontrada no Salmo, de acordo com o hebraico: *Por que te afastaste, Senhor, para tão
longe? Por que escondes tua face?* (88,15), o que significa
dizer: *Senhor, não te afastes, não te ausentes.* Salvo que,
expressando-se em forma de pergunta, o Esposo manifesta grande compaixão, como se dissesse: "Não tendes
pena de despertá-la? Deixai-a dormir e passar o seu desfalecimento, até ela voltar a si naturalmente".

5. *Quem é esta que sobe do deserto, recostada em seu
Amado?*

Este verso é um parêntese ou sentença entremeada
entre as falas do Esposo e da Esposa, e são palavras pro-
feridas pelas pessoas que viam como os dois amantes
iam juntos do campo para a cidade e como a Esposa
vinha encostada e agarrada ao Esposo. Porque, depois
que ela voltou a si do desfalecimento supracitado, si-
mulam subir até à cidade, e ela, com mais atrevimento
do que antes, ia bem junta e abraçada a seu Esposo,
livre do temor e vergonha que sentia antes, e como que
senhora já daquela liberdade que pouco antes desejava
e pedia, como vimos. Porque o seu amor, que havia
chegado ao grau máximo, lhe dava ânimo para vencer
tudo isto; e para isto colaborou aquele desfalecimento que teve. E isso é coisa muito sutil quando se trata
de amor e é relevante assinalar: cada vez que alguém
desfalece ou perde o juízo por causa de algum negócio

que lhe despertava paixão e desejo, ao tornar a si cobra novo ânimo e atrevimento para aquele negócio. E está bem comprovado que aqueles que perderam o juízo ou a razão tornam-se depois outros homens, bem diferentes do que eram antes; e vemos que aquele que enlouqueceu por algum caso de honra, depois que volta a ser senhor de si mesmo, passa a não dar importância à honra perdida. E experiências como estas acontecem muitas a cada dia. E a causa disto é o que ocorre por lei da natureza com todos os demais sentidos: aquilo que sentem e apetecem naturalmente, quando vem a tornar-se excessivo, os corrompe e destrói. Assim, sabemos que uma luz muito intensa chega às vezes a cegar e um som desmedido ensurdece e o tato se torna insensível com os extremos de frio e calor. Pela mesma razão, o afeto ou paixão extremada, que chega a distorcer o juízo ou desfalecer o coração, deixa como que amortecidos os sentidos para nunca mais sentirem coisa semelhante. E assim a Esposa, que pouco antes se queixava de não poder expressar publicamente seus amores com o Esposo, por sentir muito essa vergonha, passa a não senti-la e vem agora diante de todos tão firmemente apoiada e agarrada a ele que os outros com admiração perguntam: *Quem é esta que sobe do deserto*, tão agarrada e unida a seu Esposo que parece apoiada totalmente sobre ele?

Aqui *deserto* significa literalmente *campo*; porque é claro que eles não retornavam do *deserto* para a cidade, mas do campo, onde havia hortas e vinhas com arvoredos e granjas. E também porque nem sempre esta palavra *deserto* significa para os hebreus *lugares ermos*, sem habitações, pastos, hortaliças e plantações; ao contrário, muitas vezes significa lugares amplos e planos no campo, onde, ainda que não haja grande número de moradias humanas, pelo menos não faltam algumas, e há também pastos e bebedouros para o gado. Na Sagrada Escritura relata-se que muitas cidades foram construídas no deserto, o que quer dizer: em campo plano. Assim lemos no Livro de Josué (15,61) que couberam aos da tribo de Judá seis cidades do deserto; e no Livro do Êxodo (3,1) se diz que Moisés conduziu o rebanho de seu sogro, que ele pastoreava, mais para dentro do *deserto* em que estava.

Debaixo da macieira te despertei. Ali tua mãe te pariu; ali esteve em trabalho de parto aquela que te pariu.

Isso é traduzido literalmente do original hebraico, porque a tradução latina traduz de outra maneira, e diz assim: *Ali foi violada aquela que te pariu, ali foi corrompida tua mãe.* Literalmente, o sentido dessas palavras parece ser o seguinte: a Esposa, tendo-se recuperado do desfalecimento passado e tendo começado com maior atrevimento a desfrutar seu Esposo (o qual na maior parte desta *Canção* é representado como rústico pastor, de acordo com a imaginação de seu autor), e vindo agora bem encostada e abraçada a ele, recorda-se do início de seus amores, que agora desfruta tão docemente; e, recordando-se, relata-os com imensa alegria. Porque uma das qualidades do amor é que produz nos enamorados uma aguçada memória: sem esquecerem-se jamais de coisa alguma, por menor que seja, sempre lhes parece ter diante de si um painel de toda a história de seus amores, recordando-se do tempo, do lugar e da importância de cada coisa. E assim, em suas conversas e escritos, se utilizam muitas vezes das coisas passadas para seu propósito, algumas vezes contando-as aparentemente sem motivo e outras vezes com evidentes intenções. E, como a retórica dos enamorados consiste mais naquilo que falam no seu íntimo do que naquilo que expressam externamente pela língua, muitas vezes colocam as primeiras coisas no final e as últimas no princípio: é o que vemos nesta passagem, em que a Esposa relata o começo de seus amores no final da *Canção*, quando parece que, se queria fazer menção disso, devia tê-lo contado antes. Mas, como dissemos, para os enamorados não existe nestas coisas um antes e um depois, já que têm tudo presente em sua fantasia; e agora, embebida na suavidade do amor que tinha diante de si, pensando algumas coisas e calando-as, diz outras. E o que dizia era isto: "Oh, meu Amado e Esposo, parece-me que agora te vejo como na primeira vez que te levei a amar-me e a tratar estes esponsais comigo; e isso ocorreu quando estávamos tu e eu debaixo de uma árvore em meio ao pomar, debaixo da árvore sob a qual tua mãe te deu à luz".

E ali esteve em trabalho de parto aquela que te pariu: repete a mesma sentença, como costuma, e quer dizer: Não és estrangeiro, porque eras natural dali, e ali tua mãe te havia parido, e ali te despertei e inflamei com meu amor; e porque este amor me fez tão feliz, desfrutando o bem que através dele desfruto, bendigo aquele dia, aquela hora e aquele lugar onde tu me amaste. E isso é dito, como tantas outras coisas que vimos anteriormente, de acordo com o que melhor condiz, combina e costuma ocorrer comumente com os pastores e lavradores que vivem no campo, cujas figuras e características Salomão imita neste seu *Canto*. Como andam a maior parte do tempo no campo, é natural nascerem no campo, e os rapazes e as moças combinarem seus amores nos bosques e arvoredos, e por onde mais se encontram. Este é, na medida em que podemos entender, o espírito desta passagem, e é bem coerente com outros motivos que neste caso os enamorados costumam dizer.

> 6. *Põe-me como selo em teu coração, como selo sobre o teu braço, porque o amor é forte como a morte, os ciúmes são resistentes como o inferno, suas brasas são brasas do fogo de Deus.*
>
> 7. *Muitas águas não podem matar o amor, nem os rios o podem afogar. Se o homem desse todos os bens de sua casa pelo amor, desprezando os desprezará.*

É muito digno de consideração o grande mistério desta passagem, pois até aqui o Esposo mostrou à Esposa o amor que tinha por ela, mas não de maneira totalmente aberta, porque antes algumas vezes a afagava e outras a elogiava, mas algumas vezes se mostrava esquivo e irado, para que ela fosse pouco a pouco sentindo a falta que ele lhe fazia. Agora, depois que ela já passou a amá-lo perfeitamente e que ele sente que ela o ama, mostra-lhe e dá-lhe a entender através de palavras claras, sem fingimento nem rodeios, o muito que ele a ama, como se dissesse para si: "Agora chegou o momento de reiterar a esta minha Esposa o meu amor, e admoestá-la a não perder nem diminuir o amor que sente por mim". E diz-lhe estas palavras, pronunciando-as com imenso e veemente afeto nesta sentença: "Oh, minha caríssima Esposa, vê o quanto te amo e o quanto sofri por teus amores, e nunca me expulses de teu coração, nunca deixes de amar-me, de maneira que teu coração traga esculpida e impressa nele somente a minha imagem e a de nenhum outro. Faze com que nele eu esteja tão firme como a figura num selo, que está sempre nele sem se modificar; e tudo quanto se imprime com ele traz uma mesma imagem. Assim quero que em teu coração não haja outra imagem além da minha, e que teus pensamentos não imprimam nele ninguém além de mim; e é preferível que o façam em pedaços a fazê-lo mudar o retrato meu que ele traz em si. E não somente desejo que me carregues no teu coração e nos teus pensamentos, mas também externamente quero que não olhes, nem ouças outra coisa senão a mim, teu Esposo, e que aos teus olhos tudo pareça que sou eu e em tudo pareça que estou eu; e farás isso trazendo-me sempre diante de teus olhos, como os que costumam selar seus segredos e escritos; e para que ninguém lhes furte ou falseie o selo, trazem-no sempre consigo em algum anel num dos dedos da mão, de maneira que sempre veem seu selo, porque a parte de nosso corpo que mais prontamente e mais amiúde vemos são as mãos. E sabe, Esposa, que tenho motivo para te pedir isto, por tudo que já fiz por ti e por causa do amor por ti que trago em meu peito; este amor é tão forte e que me forçou tanto, sem que eu pudesse resistir-lhe, que a morte (contra a qual não há defesa humana capaz de resistir) não é mais forte que o amor que eu sinto por ti. Assim, este amor fez de mim tudo o que ele quis, da mesma forma que a morte impõe sua vontade aos homens, sem que eles possam defender-se dela. Desejo também, Esposa, que me ames somente a mim e não ames a nenhum outro, não só porque meu amor o merece, mas também por causa do tormento que os ciúmes causam nos que amam como eu; e posso te assegurar que a imaginação ciumenta não lhes é menos árdua e penosa do que a visão da sepultura, e suportarão mais facilmente que lhes digam: 'Neste sepulcro que está aberto aqui te hão de enterrar agora imediatamente', do que se lhes dissessem: 'Aquela que tu amas possui um outro amado'. Por isso, cuida de amar somente a mim, pois o mereço por causa do ardente amor que sinto por ti".

E o Esposo, tornando a contar seu amor sob a figura do fogo e do ardor, diz: *As brasas* deste fogo amoroso, que arde em meu coração, *são brasas de chamas de Deus*: ou seja, são chamas vivíssimas e fortes. Tal fogo é mais intenso e ardente do que o fogo que utilizamos aqui, porque o fogo daqui se apaga ao se jogar sobre ele um pouco de água, mas o fogo do amor vence todas as águas; ao jogar água sobre ele, arde ainda mais e se embravece, mesmo que se derramassem rios inteiros sobre ele. Tão forte é o amor que todo o poder da terra não é suficiente para vencê-lo pela força. Nem tampouco se deixa vencer por dádivas e subornos, porque o amor não se sujeita a nada disso devido à sua grande majestade. Antes, diz ele, afirmo que, se o homem quisesse resgatar-se do amor que o aprisiona e se lhe desse como resgate todas as riquezas e bens que tem em sua casa, ainda que fosse muito rico, o amor não se importaria com eles e desprezaria aquele que os oferecesse e o forçaria a servi-lo. Com efeito, o amor é um senhor muito poderoso e implacável quando se apossa do coração de alguém. Portanto, sendo assim o meu amor por ti, é justo que me correspondas, amando-me com igual firmeza.

Este é o sentido. Expliquemos agora algumas particularidades do texto. *Como selo em teu braço*: quer dizer, em tua mão e em teu dedo, onde está o teu anel, tomando a parte pelo todo. Pelo vocábulo *inferno* entendemos *sepulcro*. Porque assim se entende o que diz Jacó: *Descerei ao inferno* (Gn 37,35). Esta desgraça – a perda de meu filho José – acabará me levando à sepultura.

Onde se diz *chama de Deus*, entendemos como *intensa e forte*, porque a Sagrada Escritura junta o nome de Deus às coisas que pretende valorizar e exagerar, como por exemplo: *montes de Deus, cedros de Deus* quer dizer *montes altíssimos, cedros muito altos*; e assim diz Davi ao Senhor: *Tua justiça é como os montes de Deus* (Sl 35,7). Nós e outras nações utilizamos uma maneira semelhante de falar; por exemplo, para engrandecer e sublimar uma coisa, usamos o vocábulo *divino*, dizendo: *É um homem divino, possui uma eloquência divina.*

8. *Nossa irmã é pequena e ainda não tem seios. O que faremos à nossa irmã quando falarem dela?*

9. *Se ela for um muro, nós lhe edificaremos um palácio de prata. Se for uma porta, nós a reforçaremos com uma tábua de cedro.*

Depois que as mulheres estão casadas e satisfeitas com seus esposos, costumam assumir um novo cuidado: auxiliar e proteger as irmãs menores que continuam morando com os pais. Começam desde então a zelar por elas e por sua honra; e os esposos as ajudam, assumindo como seu o interesse pelas cunhadas. Esta mesma preocupação move esta contentíssima Esposa, e ela comunica ao Esposo que eles têm uma irmã pequena, na qual ainda não cresceram os seios, e que é formosa e que, sendo assim, não lhe faltarão pretendentes. E, por ser nova, ingênua e simples, ainda não sabe precaver-se e cuidar de si mesma. Por isso, convém pensar em como protegê-la ou o que fazer com ela até chegar o tempo de casá-la, pois é isso que significa a expressão: *no dia em que falarem dela.* A isto eles mesmos respondem, dizendo que será conveniente mantê-la trancada num lugar bem fortificado e que, se deverá ser um edifício com paredes, que ele seja tão resistente, tão maciço e tão liso por fora como se fosse de prata, de modo que não possam destruí-lo minando-o nem escalá-lo trepando. E as portas desse edifício, dizem, vamos guarnecê-las com tábuas de cedro muito resistentes e duráveis, para que desta maneira nossa irmã esteja bem protegida. Parece que estas palavras são ditas em tom de brincadeira, como se dissessem: Já que devemos protegê-la, façamos para ela um palácio fortíssimo para que ninguém consiga chegar até onde ela está. Mas, ao fim, diz a Esposa, nada disso é necessário, e o motivo é explicitado naquilo que ela acrescenta:

10. *Eu sou um muro e meus seios são torres; por isso fui aos seus olhos como aquela que encontra a paz.*

O que quer dizer: Se eu não estivesse casada com um Esposo como este que tenho, teríamos necessidade de tratar destes negócios da proteção de minha irmã; mas agora, estando eu tão amparada pela sombra de meu Esposo, e tão honrada com sua nobreza e tão respeitada por sua causa, conseguirei sozinha proteger minha irmã. Não é necessário mantê-la trancada dessa maneira, mas basta trazê-la junto a mim e abraçada aos meus seios que não haverá quem ouse ofendê-la. Porque não existe muro mais firme do que eu, nem torres tão fortes como meus seios e a sombra de meu regaço. E eu tenho essa força desde o momento em que comecei a agradar a meu Esposo e caí nas graças dele e ele começou a comunicar-me seu amor.

Expus tudo isto seguindo o parecer de alguns. Mas, a meu ver, toda esta passagem pode ser interpretada de outra maneira mais simples e melhor, dizendo o seguinte: a Esposa, movida pela natural solicitude por sua irmã (conforme o que dissemos, é comum acontecer que uma donzela, quando se vê casada e remediada, deseje imediatamente remediar suas outras irmãs), pergunta ao Esposo sobre como farão, não para proteger a irmãzinha, mas para embelezá-la e ataviá-la no dia das bodas, quando a casarem, a fim de que tenha boa aparência; pois, como diz, ou por ela ser de pouca idade ou por sua própria estrutura física, não possuía seios e era miudinha e não tinha um bom porte. A isso se responde que o remédio será vencer a natureza por meio da arte e encobrir o defeito natural com vestidos e adornos elegantes e preciosos, como quem embeleza uma muralha recobrindo suas ameias com prata e guarnece uma porta com tábuas e entalhes de cedro com o mesmo propósito. E, ao dizer e ouvir isto, a Esposa recorda-se de si mesma e de sua elegância, e da pouca necessidade que teve e tem de utilizar semelhantes artifícios para agradar e encantar seu Esposo; e alegrando-se consigo mesma e como que comprazendo-se nisso, diz: *Eu sou um muro e meus seios são como torres*. Como se dissesse: "Ah, Deus seja louvado, eu não tive necessidade de buscar adereços nem enfeites postiços para cair nas graças de meu Amado, já que, sem ajuda alheia, fui o muro, as ameias e as torres de prata e todas as outras coisas mencionadas". Tudo isso, como já disse, significa a compostura adventícia e toda a formosura acrescentada por meio de artifícios.

E prossegue:

11. *Salomão possuía uma vinha em Baal-Hamon; entregou a vinha aos guardas e cada qual trazia mil moedas de prata pelo fruto.*

12. *A minha vinha é só minha e está a meu dispor; mil moedas para ti, Salomão, e duzentas para os que guardam seu fruto.*

Depois que as mulheres se casam com bons e honrados maridos, é necessário para o sustento da família que passem a cuidar dos bens; e quanto mais honesta for a mulher e quanto mais amar o marido, tanto mais cuidadosa é com eles, como aparece nas lições finais dos Provérbios. Por isso, depois que esta Esposa se casou conforme desejava, começa a gerenciar seus bens e a esperar auferir grandes lucros. Ela possui uma vinha muito boa, conforme o que ela mesma disse acima; e, como agora está amparada pelo Esposo, ela terá grande cuidado em guardá-la até o momento de colher os frutos, e não haverá quem ouse impedi-la de guardar sua vinha, como antes faziam os seus irmãos. E guardando-a desta maneira, por ser pessoa muito empenhada, o fruto da vinha será mais intacto e dará mais lucro. E para dizer isto utiliza o seguinte argumento: Salomão, rei de Jerusalém, possui uma vinha no lugar chamado *Baal-Hamon*, que quer dizer *senhorio de muitos*, como se disséssemos: no pagamento de muitas vinhas. E esta vinha Salomão a arrenda a alguns homens para que a cultivem e guardem e, do lucro obtido com o fruto dela, eles deverão pagar a Salomão mil moedas de prata, podendo ficar com o resto. Daí a Esposa conclui que sua vinha forçosamente há de valer mais que a de Salomão, porque quem a guarda é ela, a própria dona da vinha, e por isso mesmo a vinha estará mais bem-cultivada que a outra. E diz: "Pois, se a tua vinha, Salomão, rende mil moedas para ti e os que a arrendam e guardam ganham pelo menos a quinta parte, que são duzentas moedas, quanto não me renderá a minha própria vinha, da qual terei tanto cuidado?"

Dito isto, fala o Esposo e diz:

13. *Estando tu nos hortos e os companheiros escutando, deixa-me ouvir tua voz.*

A vinha da Esposa não estava muito distante dos hortos, como podemos concluir a partir do que ela dizia no capítulo anterior, convidando seu Amado para ir ao campo: *Levantar-nos-emos cedo, e veremos as vinhas e os hortos* etc. De modo que, estando ela nos hortos, podia ver e guardar sua vinha. E, como o Esposo é um pastor, cabia-lhe andar pelo campo durante o dia com seu rebanho; e, assim, um se ocupava no pastoreio e a outra na guarda das vinhas e também em consertar alguma coisa no horto, pois isto competia à Esposa. Mas, como se amavam muito, não queriam estar afastados um do outro. Além disso, quando duas pessoas vivem um grande e íntimo amor, costumam aparecer invejosos a quem isto causa desgosto, seja porque não experimentam semelhantes amores, seja porque são naturalmente invejosos da felicidade alheia, e qualquer coisa ou sinal que percebam entre os bons amantes lhes é aborrecido e incômodo. E com isto muito se deleitam os que se amam intensamente, porque, com estas mostras de amor, não só causam desgosto a seus êmulos, mas também seu amor aumenta, pois parece que a instigação do adversário inflama ainda mais o amoroso fogo de seus corações. É isto o que acontece nesta passagem, em que o Esposo diz à sua Amada: "Quando estiveres nos hortos, cuidando de tuas vinhas, e eu andar pelo campo apascentando meu rebanho, canta alguma canção que fale do nosso amor, para que eu a ouça e me alegre muito por ser a tua voz, a voz de quem tanto amo; e que morram de inveja os pastores que estiverem escutando".

A canção entoada pela Esposa, para mostrar o seu amor e o do Esposo e provocar raiva nos invejosos, é a que vem logo a seguir:

14. *Corre, Amado meu, sê semelhante à cabra montesa e ao filhote de corça sobre os montes dos aromas!*

Como se dissesse: "Meu amado Esposo, tenho grande desejo de ver-te. Não passes muito tempo sem vir visitar tua Esposa; vem vê-la de vez em quando e, quando vieres, não te demores pelo caminho, mas mostra o amor que tens por mim, não somente vindo visitar-me amiúde, mas vindo mais veloz que a cabra montesa e que o filhote de corça que anda pelos montes espessos, onde existem cedros e terebintos e outras plantas aromáticas; porque tu sabes muito bem correr com grande rapidez. Não tardes. Corre, amor meu verdadeiro, pois não posso passar sem ti. Com grande presteza vem ver-me".

Poder-se-ia trovar essa canção em poucos versos:

> Amado, passarás os montes verdejantes
> Mais rápido que o cabritinho
> Que a cabra montesa e o veadinho.

A virtude sempre foi e é invejada por muitos, e para algumas pessoas não existe dor que penetre mais fundo na alma do que ver outros amarem a Deus e serem amados por Ele. E se pudessem, a muito custo, desfazer essa união e desterrar a piedade do mundo e introduzir perpétua discórdia entre o verdadeiro Esposo e os homens e arrancar-lhe dos braços a sua Igreja, certamente o fariam; é isso que eles tentam e buscam com todas as suas forças. Contra estes, Deus pede a seus amados a voz de seu canto e de sua confissão, para expressar publicamente o quanto o amam; o que é uma amarga e mortal peçonha para o paladar de seus inimigos invejosos, que são os falsos profetas e os semeadores de discórdias, o demônio e seus seguidores.

A isso a Esposa obedece e o cântico que ela entoa, para gáudio do Esposo e raiva de seus inimigos, é pedir-lhe que se apresse e venha. Este cântico é uma voz secreta que, aguçada pelo movimento oculto do Espírito Santo, ressoa continuamente no peito e no coração das almas justas e amantes de Cristo. São João o atesta, dizendo: *O Espírito e a Esposa dizem: Vem, Senhor* (Ap 22,17). E um pouco mais adiante ele próprio diz, como um dos mais justos: *Vem logo, Senhor*. E depois repete: *Vem logo, Senhor Jesus* (Ap 22,20). Este grito e repetição é uma demonstração de amor muito agradável e apreciada por Deus. Porque pedir que se apresse e venha é pedir-lhe o que se pede na oração que Ele nos ensinou, isto é, *que seu nome seja santificado* (Mt 6,9): que Ele submeta tudo ao seu poder e às suas leis; que reine inteira e perfeitamente em nós; que retorne por si e por sua honra e ponha fim aos desacatos dos rebeldes contra a majestade de seu nome; que estabeleça firmemente a virtude e, usando de rigoroso castigo, lance os vícios e os viciosos no descrédito que merecem.

Todas estas coisas são, como se diz, de sua alçada e cabe a Ele realizá-las no tempo que Ele sabe e estabeleceu: o dia do juízo universal, que com particular razão a Sagrada Escritura costuma chamar de *seu dia*, porque é propriamente o dia de sua honra e glória. Portanto, pedir-lhe que se apresse e que venha é para Ele muito agradável, mas para seus inimigos, ao contrário, é abominável; porque, o fato de Cristo mostrar sua luz e resplandecer inteiramente no mundo pelo juízo significa o fim de todo o seu poder usurpado e tirânico e o princípio de sua ruína e mal perpétuo.

Portanto, é essa aceleração da glória de Deus que a Esposa pede aqui, por estar já perfeita em seu amor. E é o que cada um de nós deve pedir-lhe continuamente, se somos membros de Cristo e se nos cabe parte de seu divino Espírito. Queira Deus, ainda que seja por nossa conta e risco, ainda que seja ao custo de assolar as províncias e subverter os reinos e exterminar a ferro e fogo toda a população e transtornar o mundo, rompendo suas leis antigas e firmes; repito, queira Deus, nivelando os montes e colinas, vir voando para eliminar as ofensas e injúrias que seu santo nome e honra recebem a cada dia e, por sua honra, dirigir a quem única e propriamente é devida toda a glória pelos séculos dos séculos. Amém.

Fim da *Exposição do Cântico dos Cânticos*.

CULTURAL

Administração – Antropologia – Biografias
Comunicação – Dinâmicas e Jogos
Ecologia e Meio Ambiente – Educação e Pedagogia
Filosofia – História – Letras e Literatura
Obras de referência – Política – Psicologia
Saúde e Nutrição – Serviço Social e Trabalho
Sociologia

CATEQUÉTICO PASTORAL

Catequese – Pastoral
Ensino religioso

REVISTAS

Concilium – Estudos Bíblicos
Grande Sinal
REB – SEDOC

TEOLÓGICO ESPIRITUAL

Biografias – Devocionários – Espiritualidade e Místi
Espiritualidade Mariana – Franciscanismo
Autoconhecimento – Liturgia – Obras de referência
Sagrada Escritura e Livros Apócrifos – Teologia

VOZES NOBILIS

Uma linha editorial especial, com importantes autores, alto valor agregado e qualidade superior.

PRODUTOS SAZONAIS

Folhinha do Sagrado Coração de Jesus
Calendário de Mesa do Sagrado Coração de Jesus
Agenda do Sagrado Coração de Jesus
Almanaque Santo Antônio – Agendinha
Diário Vozes – Meditações para o dia a dia
Guia Litúrgico

VOZES DE BOLSO

Obras clássicas de Ciências Humanas em formato de bolso.

CADASTRE-SE
www.vozes.com.br

EDITORA VOZES LTDA.
Rua Frei Luís, 100 – Centro – Cep 25689-900 – Petrópolis, RJ – Tel.: (24) 2233-9000 – Fax: (24) 2231-467
E-mail: vendas@vozes.com.br

UNIDADES NO BRASIL: Aparecida, SP – Belo Horizonte, MG – Boa Vista, RR – Brasília, DF – Campinas, S
Campos dos Goytacazes, RJ – Cuiabá, MT – Curitiba, PR – Florianópolis, SC – Fortaleza, CE – Goiânia, GO
Juiz de Fora, MG – Londrina, PR – Manaus, AM – Natal, RN – Petrópolis, RJ – Porto Alegre, RS – Recife, PE
Rio de Janeiro, RJ – Salvador, BA – São Luís, MA – São Paulo, SP
UNIDADE NO EXTERIOR: Lisboa – Portugal